DURCH STARTEN

DEUTSCH

4

TESTBUCH

W0378954

Verfasser: Leopold Eibl

Diesem Buch ist ein Lösungsheft zu den Übungen beigelegt.

Bibliografische Information der Deutschen Bibliothek:
Die Deutsche Bibliothek verzeichnet diese Publikation in der Deutschen Nationalbibliografie; detaillierte bibliografische Daten sind im Internet über http://dnb.ddb.de abrufbar.

Der Verlag hat sich bemüht, alle Rechtsinhaber ausfindig zu machen. Sollten trotzdem Urheberrechte verletzt worden sein, wird der Verlag nach Anmeldung berechtigter Ansprüche diese entgelten.

VERITAS-VERLAG, Linz
www.durchstarten.at
Alle Rechte vorbehalten, insbesondere das Recht der Verbreitung (*auch durch Film, Fernsehen, Internet, fotomechanische Wiedergabe, Bild-, Ton- und Datenträger jeder Art*) oder der auszugsweise Nachdruck

Lektorat: Klaus Kopinitsch
Bildredaktion: Alexandra Rittberger
Textredaktion: Elisabeth Maureder
Covergestaltung: Gottfried Moritz
Illustrationen: Helmut »Dino« Breneis
Satz: Ingrid Zuckerstätter
Herstellung: Julia Dresch
Gedruckt in Österreich auf umweltfreundlich hergestelltem Papier

1. Auflage 2012
ISBN 978-3-7058-9285-9

VERITAS
Gemeinsam besser lernen

INHALTSVERZEICHNIS

VORWORT

Das Testbuch für Deutsch orientiert sich an wichtigen Kompetenzen, die Lernende im Laufe der vier Grundschuljahre im Fach „Deutsch, Lesen, Schreiben" erwerben sollen.

Aufbau des Testbuches

Die Tests sind in vier Gruppen zusammengefasst, die jeweils einen Kompetenzbereich der Bildungsstandards abdecken. Mit Ausnahme des Bereiches „Hören, Sprechen und Miteinander-Reden" werden alle Bereiche und Kompetenzen berücksichtigt.
Einen Überblick über diese Bereiche und Kompetenzen bietet Seite 96.
Bereits im Titel jedes Tests kann man ablesen, welche Kompetenz abgeprüft wird. Jeder Test zielt grundsätzlich auf e i n e bestimmte Kompetenz ab.

Testdauer

Der Zeitrahmen für die Bearbeitung eines Tests liegt zwischen einer Minute und 30 Minuten. Der Großteil der Tests ist in fünf bis zehn Minuten zu schaffen.
Eine Zeitobergrenze ist bei jedem Test angegeben. Diese sollte nicht wesentlich überschritten werden.

Reihenfolge der Tests

Die Einhaltung einer Reihenfolge ist nicht zwingend. Zu empfehlen ist jedoch ein ständiger Wechsel der Kompetenzbereiche.

Durchführung / Kontrolle / Auswertung

Die meisten Tests können vom Kind alleine durchgeführt werden. Bei wenigen Lesetests ist die Testperson auf einen kompetenten Zuhörer angewiesen.
Es wäre aber vorteilhaft, wenn eine erwachsene Person am Testanfang zur Seite steht, damit das Ergebnis nicht durch eine falsch verstandene Aufgabenstellung negativ beeinflusst wird.
Nach der Durchführung wird kontrolliert (Selbstkontrolle oder durch einen Erwachsenen).
Dazu liegt ein Lösungsheft bei. Jede richtige Lösung wird in einem Kästchen abgehakt.
Die Anzahl der Häkchen entspricht der Punkteanzahl.
Bei jedem Test findet man eine Angabe, wie die erreichte Punkteanzahl zu bewerten ist. Das Ergebnis sollte in der letzten Zeile des Testblattes (und auch in der Leistungsübersicht auf Seite 96) festgehalten werden.

Bewertung der Ergebnisse

Ein Ergebnis aus einem Einzeltest ist wenig aussagekräftig. Erst in der Leistungsübersicht auf Seite 96 kann auf Grund der vielen Ergebnisse ein Rückschluss auf die Stärken oder Schwächen in einem Teilbereich gezogen werden.

TEST 1

Testdauer: 1 min

Lesefertigkeit und Leseverständnis auf der Wortebene: Sinnvolle Wörter auf einen Blick erfassen

Lies die Wörter still von oben nach unten.
Kreuze (im Kreis) ✗ nur die sinnvollen Wörter an.
Kontrolliere und setze für jede richtige Entscheidung ein ✓.
Für jedes ✓ erhältst du einen Punkt.

✗		✓	✗		✓
○	Schaukel	☐	○	Paprika	☐
○	Spinne	☐	○	Schwan	☐
○	Flische	☐	○	Finger	☐
○	Stange	☐	○	Auta	☐
○	Onerik	☐	○	Lasso	☐
○	Fenster	☐	○	Punsel	☐
○	Anorak	☐	○	Telefon	☐
○	Ameise	☐	○	Knochen	☐
○	Stachel	☐	○	Schwulbe	☐
○	Furkel	☐	○	Walze	☐
○	Bremse	☐	○	Straße	☐
○	Pipruka	☐	○	Mantel	☐
○	Lampe	☐	○	Imase	☐
○	Bürste	☐	○	Binone	☐
○	Ananas	☐	○	Tilefan	☐

Diese Kompetenz beherrsche ich					
Punkte	28 bis 30	25 bis 27	22 bis 24	19 bis 21	unter 19

30 Punkte von 30

© VERITAS-Verlag, Linz. DURCHSTARTEN TESTBUCH, DEUTSCH, 4. KLASSE GRUNDSCHULE. Alle Rechte vorbehalten.

Testdauer:
2 min

TEST 2

Lesefertigkeit und Leseverständnis auf der Wortebene: Sinnvolle Wortzusammensetzungen auf einen Blick erfassen

Lies die Wörter still von oben nach unten.
Kreuze (im Kreis) ✗ nur die sinnvollen Wörter an.
Kontrolliere und setze für jede richtige Entscheidung ein ✓.
Für jedes ✓ erhältst du einen Punkt.

✗		✓
○	Zahnbürste	☐
○	Spielplatz	☐
○	Brotfisch	☐
○	Handschuh	☐
○	Farbstift	☐
○	Hausmond	☐
○	Löwenzahn	☐
○	Brieffeind	☐
○	Kochlöffel	☐
○	Wurstsalat	☐
○	Gummieis	☐
○	Gummistiefel	☐
○	Sonnenschein	☐
○	Schultasche	☐
○	Schneeschirm	☐

✗		✓
○	Eisenbahn	☐
○	Glasmund	☐
○	Autobus	☐
○	Apfelsaft	☐
○	Teehase	☐
○	Tischlampe	☐
○	Bügelzelt	☐
○	Luftballon	☐
○	Butterbrot	☐
○	Gurkenrose	☐
○	Kinderzimmer	☐
○	Plastiksuppe	☐
○	Computerspiel	☐
○	Stoffpuppe	☐
○	Kugelschreiber	☐

Diese Kompetenz beherrsche ich

Punkte	28 bis 30	25 bis 27	22 bis 24	19 bis 21	unter 19

Punkte von 30

© VERITAS-Verlag, Linz. DURCHSTARTEN TESTBUCH, DEUTSCH, 4. KLASSE GRUNDSCHULE. Alle Rechte vorbehalten.

TEST 3

Testdauer: 2 min

Lesefertigkeit und Leseverständnis auf der Wortebene: Zusammengesetzte Wörter durch Vermutungen erschließen

Lies die zusammengesetzten Wörter jemandem vor.
Für jeden gelungenen Versuch bekommst du ein ✓.
Für jedes ✓ erhältst du einen Punkt.

	✓		✓
Bilderbu . .	✓	Schokol . . .	✓
Sonnenschi . .	✓	Rucks . . .	✓
Bleist . . .	✓	Badezi	✓
Kirchtu . .	✓	Sturzhe . .	✓
Sonnt . .	✓	Taschenla . . .	✓
Esslö	✓	Angsthase	
Postkut	✓	Nadelwald	
Blumenva . .	✓	Butterbr . .	✓
Namenwor .	✓	Sommerfer . . .	✓
Wettkam . .	✓	Wegwei . . .	✓
Wahrh . . .	✓	neugie . . .	✓
Flugz . . .	✓	Mittwo . .	✓
Dinosau	✓	Gemüsesu . . .	✓
Kasperlthe	✓	Keksdo . .	✓
Zuckerrübe		Werkz . . .	✓

Diese Kompetenz beherrsche ich

	😆	🙂	😐	🙁	😝
Punkte	28 bis 30	25 bis 27	22 bis 24	19 bis 21	unter 19

27 Punkte von 30

© VERITAS-Verlag, Linz. DURCHSTARTEN TESTBUCH, DEUTSCH, 4. KLASSE GRUNDSCHULE. Alle Rechte vorbehalten.

Testdauer:
2 min

TEST 4

Lesefertigkeit und Leseverständnis auf der Wortebene: Wörter durch Vermutungen erschließen

Lies die Wörter jemandem vor.
Für jeden gelungenen Versuch bekommst du ein ✓.
Für jedes ✓ erhältst du einen Punkt.

↓	✓	↓	✓
Bana . .	☐	Apf . .	☐
Anor . .	☐	dankb . .	☐
Schauk . .	☐	Zwetsch . .	☐
Gita . . .	☐	Rake . .	☐
Dezem . . .	☐	Jogg . . .	☒
höfl . . .	☐	Gür . . .	☐
Onk . .	☐	Räub . .	☐
Papri . .	☐	Schust . .	☐
Künst . . .	☐	Toma . .	☐
Himm . .	☐	Fabr . .	☐
wolk . .	☒	Koff . .	☐
Stief . .	☐	Hüg . .	☐
Thea . . .	☐	stürm	☒
Elef . . .	☐	Apoth . . .	☐
Vulk . .	☐	Fens . . .	☐

28
Punkte von 30

Diese Kompetenz beherrsche ich

	😃	🙂	😐	🙁	😝
Punkte	(28) bis 30	25 bis 27	22 bis 24	19 bis 21	unter 19

© VERITAS-Verlag, Linz. DURCHSTARTEN TESTBUCH, DEUTSCH, 4. KLASSE GRUNDSCHULE. Alle Rechte vorbehalten.

TEST 5

Testdauer: 5 min

Lesefertigkeit und Leseverständnis auf der Wortebene: Fremdwörter lesen

Lies die Fremdwörter jemandem laut vor.
Kreuze ✗ jene Wörter an, die man so spricht, wie man sie schreibt.
Für jede richtige Entscheidung bekommst du ein ✓.
Für jedes ✓ erhältst du einen Punkt.

✗		✓	✗		✓
○	Gymnasium	☐	○	cool	☐
○	Joystick	☐	○	Geometrie	☐
○	Exemplar	☐	○	Box	☐
○	Rowdy	☐	○	Jeans	☐
○	Shirt	☐	○	Jazz	☐
○	Apotheke	☐	○	Handy	☐
○	Kakao	☐	○	Orange	☐
○	Pool	☐	○	Pizzeria	☐
○	Jeep	☐	○	Baby	☐
○	Subjekt	☐	○	Pyjama	☐
○	Quiz	☐	○	Garage	☐
○	Computer	☐	○	Hygiene	☐
○	Theater	☐	○	Jongleur	☐
○	Ketchup	☐	○	Grammatik	☐
○	Chefin	☐	○	Konserve	☐

Diese Kompetenz beherrsche ich

Punkte	28 bis 30	25 bis 27	22 bis 24	19 bis 21	unter 19

Punkte von 30

© VERITAS-Verlag, Linz. DURCHSTARTEN TESTBUCH, DEUTSCH, 4. KLASSE GRUNDSCHULE. Alle Rechte vorbehalten.

Testdauer: 3 min

TEST 6

Lesefertigkeit und Leseverständnis auf der Wortebene: Zusammengesetzte Wörter richtig durchgliedern

Lies jeden Wortturm jemandem laut vor.
Vorsicht, im letzten Wort gibt es immer eine Überraschung!
Für jedes flüssig gelesene Wort bekommst du ein ✓.
Für jedes ✓ erhältst du einen Punkt.

↓	✓	↓	✓
das Erdbeereis	☐	der Weißwein	☐
das Vanilleeis	☐	der Rotwein	☐
das Zitroneneis	☐	der Apfelwein	☐
das Himbeereis	☐	der Tischwein	☐
d . . Milchreis	☐	d . . Wildschwein	☐
das Hühnerauge	☐	das Zootier	☐
das Katzenauge	☐	das Waldtier	☐
das Tigerauge	☐	das Wassertier	☐
das Kamelauge	☐	das Haustier	☐
d . . Waschlauge	☐	d . . Jungstier	☐
die Tischlerei	☐	die Strickerei	☐
die Schneiderei	☐	die Näherei	☐
die Wäscherei	☐	die Bastelei	☐
die Fleischerei	☐	die Stickerei	☐
d . . Babybrei	☐	d . . Wutschrei	☐

Diese Kompetenz beherrsche ich

	😃	🙂	😐	🙁	😝
Punkte	28 bis 30	25 bis 27	22 bis 24	19 bis 21	unter 19

Punkte von 30

© VERITAS-Verlag, Linz. DURCHSTARTEN TESTBUCH, DEUTSCH, 4. KLASSE GRUNDSCHULE. Alle Rechte vorbehalten.

TEST 7

Testdauer: 3 min

Lesefertigkeit und Leseverständnis auf der Satzebene: Wörter aus dem Satzganzen ergänzen

Lies die Sätze jemandem laut vor.
Für jeden richtig gelesenen Satz bekommst du ein ✓.
Für jedes ✓ erhältst du einen Punkt.

	✓
Jürgens Papa ist . ett.	☐
Jürgens Papa arbeitet im . üro.	☐
Jürgens Papa sitzt vor dem . omputer.	☐
Jürgens Papa trägt eine . rille.	☐
Jürgens Papa spielt . olf.	☐
Jürgens . ama . st . roß.	☐
Jürgens . ama . nterrichtet . port.	☐
Jürgens . ama . urft . nd . egelt.	☐
Jürgens . ama . sst . bst . nd . emüse.	☐
Jürgens . ama . iebt . austiere.	☐
Jürgens Opa ist . ran . .	☐
Jürgens Opa liegt im . rankenhau . .	☐
Jürgens Opa wird . orge . . perier . .	☐
Jürgens Opa hat . tark . . ückenschmerze . .	☐
Jürgens Opa wird . offentli . . . esun . .	☐

Diese Kompetenz beherrsche ich					

Punkte	14 und 15	12 und 13	10 und 11	9	unter 9

Punkte von 15

Testdauer: 3 min

TEST 8

Lesefertigkeit und Leseverständnis auf der Satzebene: Wörter aus dem Sinn erschließen

Lies die folgenden Sprichwörter still.
Am Satzende stehen immer zwei Wörter zur Auswahl.
Streiche das unpassende Wort durch.
Kontrolliere und setze für jede richtige Entscheidung ein ✓.
Für jedes ✓ erhältst du einen Punkt.

✓

1. Aus Schaden wird man *klug / reich*.
2. Gut gekaut ist halb *gekocht / verdaut*.
3. Eine Schwalbe macht noch keinen *Winter / Sommer*.
4. Morgenstund´ hat Gold im *Tresor / Mund*.
5. Zeit heilt alle *Ärzte / Wunden*.
6. Es ist noch kein Meister vom Himmel *gefallen / geschneit*.
7. Wenn sich zwei streiten, freut sich der *Nächste / Dritte*.
8. Was du heute kannst besorgen, das verschiebe nicht auf *morgen / ewig*.
9. Irren ist *herrlich / menschlich*.
10. Ein blindes Huhn findet auch einmal ein *Ei / Korn*.
11. Wer anderen eine Grube gräbt, fällt selbst *hinein / nieder*.
12. Am Abend wird der Faule *krank / fleißig*.
13. Hunger ist der beste *Lehrmeister / Koch*.
14. Viele Köche verderben den *Brei / Ausflug*.
15. Vorsicht ist die Mutter der *Kohlenkiste / Porzellankiste*.

13
Punkte von 15

Diese Kompetenz beherrsche ich

Punkte	14 und 15	12 und 13	10 und 11	9	unter 9

© VERITAS-Verlag, Linz. DURCHSTARTEN TESTBUCH, DEUTSCH, 4. KLASSE GRUNDSCHULE. Alle Rechte vorbehalten.

TEST 9

Testdauer: 4 min

Lesefertigkeit und Leseverständnis auf der Satzebene: Den Sinn von Redewendungen deuten

Lies die Redewendungen still. Darunter steht, was die Redewendungen bedeuten.
Trage die Nummern der Redewendung in die Kreise ein.
Kontrolliere und setze für jede richtige Zuordnung ein ✓.
Für jedes ✓ erhältst du einen Punkt.

1. Das stinkt zum Himmel.
2. Er hört das Gras wachsen.
3. Er sieht der Gefahr ins Auge.
4. Er hat kein Fingerspitzengefühl.
5. Man muss die Sache im Auge behalten.
6. Das ist reine Geschmackssache.
7. Er hat uns die Augen geöffnet.
8. Er hat einen guten Riecher gehabt.

		✓
◯	*Dem einen gefällt es gut, dem anderen überhaupt nicht.*	☐
◯	*Das ist ein Skandal.*	☐
◯	*Man muss eine Sache weiter beobachten.*	☐
◯	*Jemand nimmt jede Kleinigkeit wahr.*	☐
◯	*Jemand hat kein Empfinden, Gespür für etwas.*	☐
◯	*Jemand ist mutig und schreckt vor keiner Gefahr zurück.*	☐
◯	*Jemand ahnt etwas, sieht etwas voraus.*	☐
◯	*Jemand hat uns über etwas (Unerfreuliches) aufgeklärt.*	☐

Diese Kompetenz beherrsche ich

Punkte	8	7	6	5	unter 5

Punkte von 8

© VERITAS-Verlag, Linz. DURCHSTARTEN TESTBUCH, DEUTSCH, 4. KLASSE GRUNDSCHULE. Alle Rechte vorbehalten.

Testdauer: 10 min

TEST 10

Lesefertigkeit und Leseverständnis auf der Satzebene: Stilblüten erkennen und deuten

Lies die Stilblüten (= Formulierungen, die durch eine falsche Wortwahl, Wortstellung oder durch Doppeldeutigkeit ungewollt komisch wirken) still.
Kreuze an ✗, was der Schreiber ausdrücken wollte.
Kontrolliere und setze für jede richtige Entscheidung ein ✓.
Für jedes ✓ erhältst du einen Punkt.

✓

1. SELBSTMORD VON EIFFELTURM! ☐
   - ⊗ Jemand ist vom Eiffelturm in den Tod gesprungen.
   - ○ Der Eiffelturm hat Selbstmord verübt.

2. KINDERMÄDCHEN FÜR DREIJÄHRIGES KIND GESUCHT, DAS BÜGELN, NÄHEN UND KOCHEN KANN. ☐
   - ⊗ Das Kindermädchen soll bügeln, nähen und kochen können.
   - ○ Das dreijährige Kind soll bügeln, nähen und kochen können.

3. DIE FRAU WOLLTE DAS KLEID IN DER AUSLAGE PROBIEREN. ☐
   - ○ Die Frau wollte sich in der Auslage umziehen.
   - ⊗ Die Frau wollte das Kleid, das in der Auslage ausgestellt ist, probieren.

4. DURCH DIE REINIGUNG DER FREIWILLIGEN HELFER WURDE EIN BEITRAG ZU EINEM SAUBEREN ORTSBILD GELEISTET. ☐
   - ⊗ Die Ortbildsäuberung erfolgte durch die freiwilligen Helfer.
   - ○ Die freiwilligen Helfer wurden gereinigt.

5. DIE SEELEUTE SIND TAGE UNTERWEGS, UM FISCHE ZU FANGEN. DANACH WERDEN SIE TIEFGEFROREN VERSCHICKT. ☐
   - ⊗ Die Fische werden tiefgefroren verschickt.
   - ○ Die Seeleute werden tiefgefroren verschickt.

6. NETTE REINIGUNGSFRAU FÜR WIEN GESUCHT! ☐
   - ○ Die Frau soll ganz Wien reinigen.
   - ⊗ Die Frau soll bei einer Wiener Familie reinigen.

Diese Kompetenz beherrsche ich

	😄	🙂	😐	🙁	😝
Punkte	(6)	5	4	3	unter 3

6

Punkte von 6

© VERITAS-Verlag, Linz. DURCHSTARTEN TESTBUCH, DEUTSCH, 4. KLASSE GRUNDSCHULE. Alle Rechte vorbehalten.

TEST 11

Testdauer: 20 min

Lesefertigkeit und Leseverständnis auf der Textebene: Textteile aus der Erwartung ergänzen

Lies das Gedicht still und versuche die fehlenden Zeitwörter zu ergänzen.
Schreibe diese Wörter daneben auf.
Kontrolliere und setze für jede richtige Ergänzung ein ✓.
Für jedes ✓ erhältst du einen Punkt.

In dieser Minute

In der Minute, die jetzt ist
und die du gleich nachher vergisst,
geht ein Kamel auf allen Vieren ✓
im gelben Wüstensand spazieren,
und auf dem Nordpol l . . . . jetzt Schnee → ______________ ☐
und tief im Titicacasee
schw . . . . eine lustige Forelle. → ______________ ☐
Und eine lustige Gazelle
spr . . . . in Ägypten durch den Sand. → ______________ ☐
Und weiter weg im Abendland
schlu . . . jetzt ein Knabe Lebertran. → ______________ ☐
Und auf dem großen Ozean
f . . . . wohl ein Dampfer durch den Sturm. → ______________ ☐
In China kr . . . . . ein Regenwurm → ______________ ☐
zu dieser Zeit zwei Zentimeter.
In Prag h . . jemand Ziegenpeter*, → ______________ ☐
und in Amerika ist wer,
der tr . . . . grad seine Tasse leer, → ______________ ☐
und in Australien – huhu-
hü . . . aus dem Busch ein Känguru. → ______________ ☐

(Eva Bartoschek-Rechlin, gekürzt © RN Christian Bartoschek)
*Ziegenpeter = Mumps

Diese Kompetenz beherrsche ich					
Punkte	8 und 9	7	6	5	unter 5

Punkte von 9

© VERITAS-Verlag, Linz. DURCHSTARTEN TESTBUCH, DEUTSCH, 4. KLASSE GRUNDSCHULE. Alle Rechte vorbehalten.

Testdauer:
5 min

TEST 12

Lesefertigkeit und Leseverständnis auf der Textebene: Textteile aneinanderfügen

Schreibe die Nummern von 2–8 in die Kreise.
Kontrolliere und setze für jede richtige Nummer ein ✓.
Für jedes ✓ erhältst du einen Punkt.

(1) Schafe sind genügsame Tiere. Sie weiden in trockenen Gebieten und begnügen sich mit mageren Gräsern. Besonders viele Schafe leben in Australien und in der Türkei. Schafhirten und Hüterhunde umkreisen die …

✓

( ) nehmen sie einen Anlauf und prallen mit den Köpfen gegeneinander. Das kracht schrecklich, macht ihnen aber nicht viel aus. ☐

( ) riesigen Herden und halten sie zusammen. Die männlichen Schafe heißen Widder. Man erkennt sie an den großen Hörnern. Die Widder haben sehr harte Köpfe. Wenn sie kämpfen, ☐

( ) werden leider geschlachtet und gegessen. Das wichtigste Produkt der Schafe ist aber ihre Wolle. Es gibt eigene Wollschafe. Aus dem lockigen Haar der Wollschafe spinnt man jährlich ☐

( ) Etwas allerdings ist schlimm: Vom Fell der Lämmer des Karakulschafes werden die kostbaren Persianermäntel hergestellt. Viele Lämmer büßen dafür ihr Leben ein. Gut, dass es heute schon schöne Kunstpelze im Handel gibt. ☐

( ) Weibliche Schafe tragen keine Hörner. Dafür haben sie aber ein Euter, aus denen die Lämmer die Milch saugen. Aus dieser Schafmilch machen die Menschen Schafkäse. Viele Schafe ☐

( ) Schaf liefert drei bis fünf Kilo Wolle. Die schnellsten Schafscherer brauchen weniger als eine Minute für eine Schafschur. Das Scheren tut den Schafen nicht weh, auch wenn sie sich manchmal dagegen wehren. ☐

( ) zig tausend Tonnen Schafwolle. Daraus werden Kleidungsstücke gestrickt und Stoffe gewoben. Zweimal im Jahr kann man die Schafe scheren. Jedes ☐

Diese Kompetenz beherrsche ich

	😄	🙂	😐	🙁	😝
Punkte	7	6	5	4	unter 4

Punkte von 7

© VERITAS-Verlag, Linz. DURCHSTARTEN TESTBUCH, DEUTSCH, 4. KLASSE GRUNDSCHULE. Alle Rechte vorbehalten.

TEST 13

Testdauer: 10 min

Arbeitstechniken zur Erschließung von Inhalten: Randnotizen machen

Lies den Text still. Schreibe zu den Pfeilen eine ganz kurze Notiz.
Kontrolliere und setze für jede richtige Notiz ein ✓.
Für jedes ✓ erhältst du einen Punkt.

Besuch in einer japanischen Grundschule

Eine österreichische Lehrerin hat in Japan eine Grundschule besucht und kann allerhand erzählen:

In dieser Schule tragen alle Kinder eine Schuluniform. → Schuluniform ✓ ☐

Jedes Kind hat an seiner Kleidung ein Namensschild aufgenäht. → ________ ☐

Die Mädchen haben eine rote, die Buben eine schwarze Schultasche. → ________ ☐

Im Klassenzimmer hat jedes Kind einen eigenen kleinen Tisch. → ________ ☐

Wenn die Kinder etwas fragen, antworten oder sagen wollen, müssen sie sich melden. Sie heben dabei beide Arme hoch. → ________ ☐

In der ganzen Schule gibt es keine einzige Reinigungsfrau. Die Kinder putzen das Klassenzimmer selbst. → ________ ☐

Die Kinder essen mittags in der Schule. → ________ ☐

Am Nachmittag haben sie noch einmal bis halb vier Unterricht. → ________ ☐

Die Kinder gehen sechs Jahre in die Grundschule. → ________ ☐

Diese Kompetenz beherrsche ich					
	😆	🙂	😐	🙁	😝
Punkte	8	7	6	5	unter 5

Punkte von 8

© VERITAS-Verlag, Linz. DURCHSTARTEN TESTBUCH, DEUTSCH, 4. KLASSE GRUNDSCHULE. Alle Rechte vorbehalten.

TEST 14

Arbeitstechniken zur Erschließung von Inhalten: Inhalte grafisch umsetzen

Testdauer: 2 min

1. Lies den Text und zeichne die Fahrtroute mit einem Rotstift in die Skizze ein.
   Kontrolliere und setze für jede richtige Teilstrecke ein ✓.
   Für jedes ✓ erhältst du einen Punkt.

Felix ist in Rosenburg zu Hause. An einem Ferientag möchte Felix mit dem Zug zu seiner Tante nach Wien fahren. In Hadersdorf muss er umsteigen.

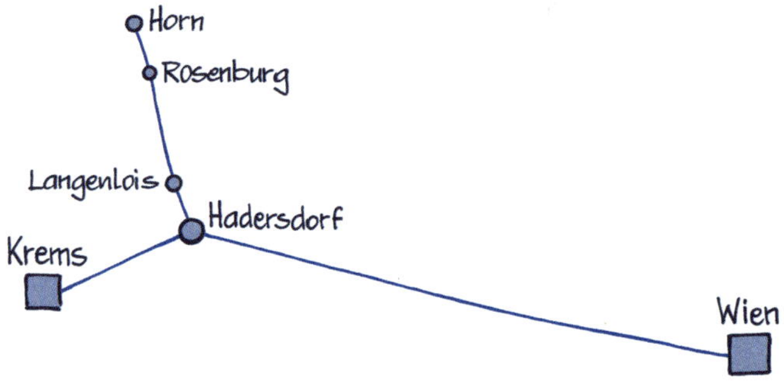

✓ ☐ ☐

Punkte von 2

Testdauer: 5 min

2. Lies den Text und trage die Vor- und Familiennamen in den Stammbaum ein.
   Kontrolliere und setze für jeden richtigen Vor- und Zunamen ein ✓.
   Für jedes ✓ erhältst du einen Punkt.

Luises Eltern heißen Kurt Rosner und Eva Rosner, geborene Eder. Luises Großeltern väterlichseits nennt Luise Resi-Oma und Rudi-Opa. Die Eltern von Luises Mutter heißen Karl und Maria. w = ______, m = ______

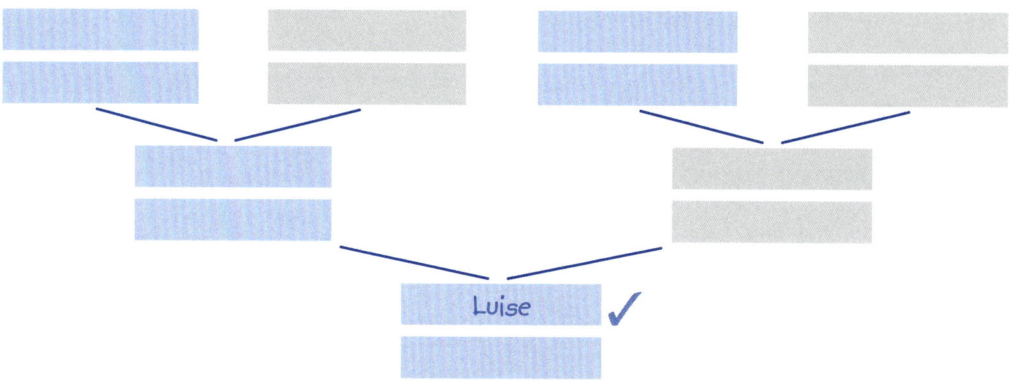

Punkte von 13

Punkte aus beiden Tests von 15

Diese Kompetenz beherrsche ich					
	😄	🙂	😐	🙁	😝
Punkte	14 und 15	12 und 13	10 und 11	9	unter 9

© VERITAS-Verlag, Linz. DURCHSTARTEN TESTBUCH, DEUTSCH, 4. KLASSE GRUNDSCHULE. Alle Rechte vorbehalten.

TEST 15

Testdauer: 10 min

Arbeitstechniken zur Erschließung von Inhalten: Das Wesentliche eines Textes (Absatzes) erfassen

Für jeden Absatz der Sage findest du drei Vorschläge für eine Teilüberschrift.
Kreuze jene an ✗, die den Inhalt des Absatzes am besten wiedergibt.
Für die Wahl der besten Überschrift gibt es zwei ✓, für die zweitbeste ein ✓.
Für jedes ✓ erhältst du einen Punkt.

Die Schleiersage

Bald nach der Hochzeit des Markgrafen Leopold mit Agnes unternahm das frisch vermählte Paar einen Spazierritt auf den nahen Kahlenberg. Von dort oben wollten sie eine Stelle ausfindig machen, an der ein Kloster erbaut werden sollte.

✗
- ○ Hoch zu Ross!
- ○ Der Hochzeitsritt
- ○ Der Hochzeitsritt auf den Kahlenberg

✓ ☐ ☐

Während ihre Blicke über das schöne Land schweiften, entriss ein Windstoß den kostbaren Schleier der Gemahlin und trug ihn fort.

- ○ Die schöne Aussicht
- ○ Der verwehte Schleier
- ○ Der Windstoß

✓ ☐ ☐

Die Gefolgschaft nahm sofort die Suche nach dem Kopfschmuck auf, doch ohne Erfolg. Die Markgräfin war nur schwer zu trösten.

- ○ Die erfolglose Suche
- ○ Die Suche
- ○ Trostlos!

✓ ☐ ☐

Nach einigen Jahren ging der Markgraf wieder einmal auf die Jagd. Plötzlich schlugen die Jagdhunde an und hetzten einer Stelle zu. Leopold folgte ihnen. Zu seinem Erstaunen standen sie nicht vor einer Jagdbeute, sondern vor einem Hollerbusch. Auf dem Strauch hing der Schleier seiner Gattin. Trotz der vielen Jahre, in denen der Schleier Wind und Wetter ausgesetzt war, war er rein und unversehrt. Leopold brachte ihn freudestrahlend seiner Frau Agnes.

- ○ Die Jagd
- ○ Der wundersame Fund
- ○ Die glückliche Agnes

✓ ☐ ☐

Beide hielten den Fund für eine göttliche Fügung und ließen an der Fundstelle das geplante Kloster errichten. Da dieser Platz in der Nähe der Burg des Markgrafen lag, erhielt das Kloster den Namen „Klosterneuburg".

(Eibl u.a.: Bücherwurm 4. Linz: Veritas 1999)

- ○ Der Klosterbau
- ○ Der Klosterbau an der Fundstelle
- ○ Das Wunder

✓ ☐ ☐

Diese Kompetenz beherrsche ich					
Punkte	9 und 10	8	7	6	unter 6

Punkte von 10

© VERITAS-Verlag, Linz. DURCHSTARTEN TESTBUCH, DEUTSCH, 4. KLASSE GRUNDSCHULE. Alle Rechte vorbehalten.

Testdauer:
20 min

TEST 16

Arbeitstechniken zur Erschließung von Inhalten: Inhalte von Texten vergleichen und in eine Tabelle einordnen

Lies die beiden Texte und trage die Daten in die Tabelle ein.
Setze für jede richtige Eintragung ein ✓. Für jedes ✓ erhältst du einen Punkt.

Am Nordpol	Am Südpol
Das Gebiet um den Nordpol wird Arktis bezeichnet. Viele Forscher versuchten, bis zum Nordpol vorzudringen. Der ersehnte Erfolg war schließlich dem Amerikaner Robert Edwin Peary vergönnt, der am 6. April 1909 mit seiner Mannschaft zu Fuß den Nordpol erreichte. Die eisige Kälte mit Temperaturen von bis zu minus 70° sind für Mensch und Tier eine große Herausforderung. Die Tiere, vor allem die Eisbären, können sich gut an die extremen Verhältnisse anpassen. Trotz dieser unwirtlichen Bedingungen sind Teile der Arktis schon seit mehreren Jahrtausenden besiedelt. Das bekannteste Volk sind die Inuits.	Die Antarktis ist das Gebiet um den Südpol. Die Antarktis hat das kälteste Klima der Erde. Die niedrigsten Temperaturen wurden mit minus 88° gemessen. Trotz dieser Kälte leben Tiere in dieser lebensfeindlichen Gegend. Unter ihnen sind die Pinguine die bekanntesten. Sieht man von Wissenschaftern in den Forschungsstationen ab, ist die Antarktis unbewohnt. Trotzdem hat auch die Antarktis Entdecker angelockt. Dramatisch verlief das Wettrennen um den Südpol, das schließlich der Norweger Amundsen gegen den Engländer Scott für sich entschied. Zwei Jahre nach der Eroberung des Nordpols wurde der Südpol erreicht.

	Nordpol	Südpol	✓
Name:			☐ ☐
Temperaturen:			☐ ☐
Tierwelt:			☐ ☐
Bewohner:			☐ ☐
Entdeckung (Jahr):			☐ ☐
Entdecker (Name):			☐ ☐

Diese Kompetenz beherrsche ich

	😄	🙂	😐	🙁	😖
Punkte	11 und 12	10	9	7 und 8	unter 7

Punkte von 12

© VERITAS-Verlag, Linz. DURCHSTARTEN TESTBUCH, DEUTSCH, 4. KLASSE GRUNDSCHULE. Alle Rechte vorbehalten.

TEST 17

Testdauer: 10 min

Lesestrategie zur Erschließung von Inhalten: Mehrere Texte nutzen

Hier findest du einen Text und zwei Fahrpläne. Um die anschließenden Fragen zu beantworten, musst du alle Texte beachten. Bei Test 14 findest du eine Skizze der Fahrtroute. Beantworte unten stehende Fragen. Kontrolliere und setze für jede richtige Antwort ein ✓. Für jedes ✓ erhältst du einen Punkt.

Felix will an einem Ferientag mit dem Zug von seinem Wohnort Rosenburg nach Hadersdorf und dann weiter nach Wien fahren. In Langenlois steigt sein Freund Jonas zu. In Wien werden die beiden von Tante Susi abgeholt.

Sigmundesherberg – Hadersdorf a. Kamp	
Horn **ab**	8. 14
Rosenburg	8. 24
Gars-Thunau	8. 32
Plank	8. 40
Stiefern	8. 48
Schönberg	8. 53
Langenlois	9. 00
Hadersdorf **an**	9. 06

Hadersdorf a. Kamp – Wien Franz-Josefs-Bhf.	
Hadersdorf **ab**	9. 11
Kirchberg	9. 22
Absdorf	9. 28
Tulln	9. 37
Heiligenstadt	9. 58
Wien FJB **an**	10.04

(http://fahrplan.oebb.at)

✓

Frage 1: Wann fährt der Zug in Rosenburg ab? ______ ☐

Frage 2: Wie viele Minuten beträgt die Fahrzeit von Rosenburg nach Hadersdorf? ______ ☐

Frage 3: Wann steigt Jonas zu? ______ ☐

Frage 4: Wie viele Minuten haben sie in Hadersdorf Zeit zum Umsteigen? ______ ☐

Frage 5: Wann fährt der Anschlusszug nach Wien ab? ______ ☐

Frage 6: Um wie viel Uhr soll Tante Susi spätestens am Franz-Josefs-Bahnhof sein, um die beiden abzuholen? ______ ☐

Diese Kompetenz beherrsche ich					
Punkte	6	5	4	3	unter 3

Punkte von 6

Testdauer: 10 min

TEST 18

Textverständnis klären: Zu Inhalten Stellung nehmen, die nicht ausdrücklich im Text genannt werden

Lies den Text still. Kreuze ✗ dann jene Aussagen an, mit denen du einverstanden bist.
Kontrolliere und setze für jede richtige Entscheidung ein ✓.
Für jedes ✓ erhältst du einen Punkt.

Wer hat Schuld?

Hurra, die Schule ist aus!
Klaus verlässt wie alle anderen Kinder seiner Klasse das Schulhaus.
Seine Mutter wartet auf der anderen Straßenseite auf ihn.
Da ruft Peter: „Schau Klaus, dort ist deine Mutter!"
Klaus stürmt schnurstracks los. Er sieht nur seine Mutter und rennt direkt in das Vorderrad eines Radfahrers.
Dieser kann nicht mehr bremsen und stößt Klaus nieder.
Auch der Radfahrer kommt zu Sturz.
Einige Menschen eilen herbei und wollen helfen.
Gott sei Dank! Die beiden haben nur ein paar Kratzer abgekriegt.

✗		✓
○	Niemand hat Schuld, weil ein Unfall einfach Schicksal ist.	☐
○	Klaus hat Schuld, weil er nicht nach links und rechts schaut.	☐
○	Der Radfahrer hat Schuld, weil er das Rad nicht geschoben hat.	☐
○	Die Mutter hat Schuld, weil sie Klaus von der Schule abholt.	☐
○	Peter hat Schuld, weil er Klaus auf seine Mutter aufmerksam macht.	☐
○	Der Verkäufer des Fahrrades hat Schuld.	☐
○	Die Direktion hat Schuld, weil ein Schutzgitter zwischen Straße und Schultor fehlt.	☐
○	Die Mutter hat Schuld, weil sie auf der anderen Straßenseite wartet.	☐
○	Klaus hat Schuld, weil er über die Straße läuft.	☐
○	Der Radfahrer hat Schuld, weil er schon etwas älter ist.	☐
○	An einem Unfall hat selten nur e i n e r Schuld.	☐
○	Niemand hat Schuld, weil ohnehin nicht viel passiert ist.	☐

Diese Kompetenz beherrsche ich

	😄	🙂	😐	🙁	😝
Punkte	11 und 12	10	9	7 und 8	unter 7

Punkte von 12

© VERITAS-Verlag, Linz. DURCHSTARTEN TESTBUCH, DEUTSCH, 4. KLASSE GRUNDSCHULE. Alle Rechte vorbehalten.

TEST 19

Testdauer: 6 min

Textverständnis klären: Den Sinn / Die Absicht von Texten erkennen

Lies die Gedichte still. Jedes Gedicht hat eine bestimmte Absicht. Kreuze an ✗.
Kontrolliere und setze für jede richtige Entscheidung (ein Punkt) ein ✓.

1. O mise mause maas
was ich zuvor besaß,
o malla mirra mooren
das habe ich verlooren.
(Michael Ende)

Der Dichter möchte
- ❍ Wissenswertes vermitteln.
- ❍ mit Wortspielen Spaß machen.
- ❍ zum Nachdenken anregen.

☐

2. Was ist das?
Weiß wie Kreide
leicht wie Flaum
weich wie Seide.
feucht wie Schaum?
(Volksgut)

Das Gedicht möchte
- ❍ zum kritischen Denken anregen.
- ❍ unterhalten.
- ❍ zum Raten einladen.

☐

3. Wenn ich etwas
zum Heulen finde,
heule ich mich leer.
Kummer schlucken
macht mich wütend
und das Herz mir schwer.
(Ute Andresen: ABC und alles auf der Welt. Weinheim/Basel: Beltz & Gelberg 2002)

Die Verfasserin möchte
- ❍ den Leser traurig machen.
- ❍ helfen, mit eigenen Gefühlen fertig zu werden.
- ❍ den Leser wütend machen.

☐

4. Wie schön, dass du geboren bist,
wir hätten dich sonst sehr vermisst.
Wie schön, dass wir beisammen sind.
Wir gratulieren dir, Geburtstagskind.
(Text und Musik: Rolf Zuckowski)

Mit dem Gedicht kann man
- ❍ zum Namenstag gratulieren.
- ❍ zu allen Anlässen gratulieren.
- ❍ zum Geburtstag gratulieren.

☐

5. Elektrisch ist der Hebekran,
elektrisch ist der Herd,
elektrisch fährt die Eisenbahn,
der Autobus, die Straßenbahn.
Die Welt ist, sagt Herr Jedermann,
elektrisch etwas wert.
(James Krüss)

Der Dichter möchte aufzeigen,
- ❍ dass Strom gefährlich ist.
- ❍ dass ohne Strom nur wenig funktioniert.
- ❍ dass Strom teuer ist.

☐

Diese Kompetenz beherrsche ich					
Punkte	5	4		3	unter 3

Punkte von 5

Testdauer:
10 min

TEST 20

Formale und sprachliche Begebenheiten von Texten: Textaufbau erkennen

Lies das Gedicht und schreibe die Nummern der Strophe(n) neben die vier Aussagen.
Kontrolliere und setze für jede richtige Nummer ein ✓.
Für jedes ✓ erhältst du einen Punkt. Was deine Punkte wert sind, steht im Lösungsheft.

Der Zauberer Korinthe

1. Es lebte einst der Zauberer
Kori, Kora, Korinthe.
Der saß in einem Tintenfass
und zauberte mit Tinte.

2. Wenn jemand damit Briefe schrieb
und schmi und schma und schmollte,
dann schrieb er etwas anderes,
als was er schreiben wollte.

3. Einst schrieb der Kaiser Fortunat
Mit Sie, mit Sa mit Siegel:
Der Kerl, der mich verspottet hat,
kommt hinter Schloss und Riegel!

4. Doch hinterher las man im Brief,
vergni, vergna, vergnüglich:
Der Kerl, der mich verspottet hat,
der dichtet ganz vorzüglich.

5. Da schmunzelte der Zauberer
Kori, Kora, Korinthe
und schwamm durchs ganze Tintenfass
und trank ein wenig Tinte.

6. Ein andres Mal schrieb Archibald,
der Di, der Da, der Dichter:
Die Rosen haben hierzuland
so zärtliche Gesichter.

7. Er hat von Ros- und Lilienhaar
geschri, geschra, geschrieben
doch als das Liedlein fertig war,
erzählte es von Rüben.

8. Da schmunzelte der Zauberer
Kori, Kora, Korinthe
und schwamm durchs ganze Tintenfass
und trank ein bisschen Tinte.

9. Heut schrieb der Kaufmann Steenebarg
aus Bri, aus Bra, aus Bremen
an seinen Sohn in Dänemark:
Du solltest dich was schämen!

10. Doch als der Brief geschrieben war
mit Schwi, mit Schwa, mit Schwunge,
da stand im Brief: Mein lieber Sohn,
du bist ein guter Junge.

11. Da schmunzelte der Zauberer
Kori, Kora, Korinthe
und schwamm durchs ganze Tintenfass
und trank ein bisschen Tinte.

12. Und wer das Lied nicht glauben will
vom Schrie, vom Schra, vom Schreiben,
der ist wahrscheinlich selber schuld
und lässt es eben bleiben.

(„Der Zauberer Korinthe" von James Krüss aus: Mein Urgroßvater und ich © Friedrich Oetinger Verlag, Hamburg 2012)

		✓
Diese beiden Strophen erzählen die Geschichte von Fortunat:	________	❑ ❑
Diese beiden Strophen erzählen die Geschichte von Archibald:	________	❑ ❑
Diese beiden Strophen erzählen die Geschichte von Steenebarg:	________	❑ ❑
Diese drei Strophen wiederholen sich = Refrain:	________	❑ ❑ ❑

Punkte von 9

© VERITAS-Verlag, Linz. DURCHSTARTEN TESTBUCH, DEUTSCH, 4. KLASSE GRUNDSCHULE. Alle Rechte vorbehalten.

TEST 21

**Testdauer:
10 min**

Druckwerke (Printmedien) zur Gewinnung von Informationen nutzen

Welche Druckwerke kannst du für Informationen heranziehen? Wähle aus der Sammlung aus und schreibe den Begriff daneben. Kontrolliere und setze für jede richtige Nennung ein ✓. Für jedes ✓ erhältst du einen Punkt.

Telefonbuch – Anzeigenteil (einer Zeitung) – Autoatlas – Kochbuch – Ortschronik – Englisch-Lexikon – Tierlexikon – Österreichisches Wörterbuch – Sportteil (einer Zeitung) – Fahrplan

✓

1. Jemand sucht eine Wohnung. ______________ ☐
2. Jemand weiß nicht, wie man „Känguru" schreibt. ______________ ☐
3. Jemand möchte die aktuellen Fußballergebnisse wissen. ______________ ☐
4. Jemand sucht die Fahrtroute von Linz nach Freistadt. ______________ ☐
5. Jemand möchte „Buchstabe" in Englisch wissen. ______________ ☐
6. Jemand möchte Rindsrouladen kochen. ______________ ☐
7. Jemand möchte eine Person anrufen. ______________ ☐
8. Jemand möchte etwas über die örtliche Pestsäule wissen. ______________ ☐
9. Jemand möchte die Abfahrtszeit eines Zuges wissen. ______________ ☐
10. Jemand möchte wissen, wie alt Löwen werden. ______________ ☐

Diese Kompetenz beherrsche ich					
Punkte	9 und 10	8	7	6	unter 6

Punkte von 10

© VERITAS-Verlag, Linz. DURCHSTARTEN TESTBUCH, DEUTSCH, 4. KLASSE GRUNDSCHULE. Alle Rechte vorbehalten.

Testdauer:
30 min

TEST 22

Das Internet (elektronische Medien) zur Gewinnung von Informationen nutzen

Welche Begriffe gibst du ein, wenn du Antworten auf folgende Fragen suchst?
Schreibe den Suchbegriff und eine kurze Antwort auf.
Kontrolliere und setze für jede richtige Eintragung ein ✓.
Für jedes ✓ erhältst du einen Punkt.

1. Wie alt kann der Bergahorn werden? ✓

Suchbegriff(e): ________________________________ ☐

Antwort: ________________________________ ☐

2. In welchem Jahr wurde der Großglockner das erste Mal bestiegen?

Suchbegriff(e): ________________________________ ☐

Antwort: ________________________________ ☐

3. Wer gilt als Erfinder des Fahrrades?

Suchbegriff(e): ________________________________ ☐

Antwort: ________________________________ ☐

4. Wie lang ist der Nil, der längste Fluss der Welt?

Suchbegriff(e): ________________________________ ☐

Antwort: ________________________________ ☐

5. Karl May ist einer der bekanntesten deutschen Schriftsteller.
   Wie heißt der 1. Band seiner „Gesammelten Reiseerzählungen"?

Suchbegriff(e): ________________________________ ☐

Antwort: ________________________________ ☐

Diese Kompetenz beherrsche ich					
	😆	🙂	😐	🙁	😝
Punkte	9 und 10	8	7	6	unter 6

Punkte von 10

© VERITAS-Verlag, Linz. DURCHSTARTEN TESTBUCH, DEUTSCH, 4. KLASSE GRUNDSCHULE. Alle Rechte vorbehalten.

TEST 23

Testdauer: 10 min

Rechtschreibstrategie: Wortbausteine (Vorsilben) erkennen

In den folgenden Tabellen sind Wörter mit Vorsilben und Wörter ohne Vorsilben gemischt. Kreuze die Wörter mit den Vorsilben an ✗. Kontrolliere und setze für jede richtige Entscheidung ein ✓. Für jedes ✓ erhältst du einen Punkt.

Vorsilbe ge / Ge

✗		✓
○	Gebirge	☐
○	Germ	☐
○	Geld	☐
○	geflossen	☐
○	Gelse	☐
○	Geduld	☐

Vorsilbe be / Be

✗		✓
○	beten	☐
○	begreifen	☐
○	bemerken	☐
○	Bettler	☐
○	Besen	☐
○	Begleiter	☐

Vorsilbe an / An

✗		✓
○	anfangen	☐
○	Angst	☐
○	Anblick	☐
○	Anhänger	☐
○	Ananas	☐
○	Anker	☐

Vorsilbe her / Her

✗		✓
○	hervor	☐
○	Herd	☐
○	herstellen	☐
○	Herz	☐
○	herab	☐
○	Herbst	☐

Vorsilbe hin / Hin

✗		✓
○	hinlegen	☐
○	hinken	☐
○	hinten	☐
○	hinaus	☐
○	Hinweis	☐
○	hindern	☐

Vorsilbe zu / Zu

✗		✓
○	Zunge	☐
○	zufrieden	☐
○	Zukunft	☐
○	Zucker	☐
○	Zugang	☐
○	zupfen	☐

Diese Kompetenz beherrsche ich

Punkte	33 bis 36	30 bis 32	26 bis 29	23 bis 25	unter 23

Punkte von 36

© VERITAS-Verlag, Linz. DURCHSTARTEN TESTBUCH, DEUTSCH, 4. KLASSE GRUNDSCHULE. Alle Rechte vorbehalten.

Testdauer:
10 min

TEST 24

Rechtschreibstrategie:
Die unterschiedliche Bedeutung von Wortbausteinen berücksichtigen

Unterscheide zwischen Vorsilbe und gleich klingender Stammsilbe. Setze ein.
Kontrolliere und setze für jede richtige Entscheidung ein ✓.
Für jedes ✓ erhältst du einen Punkt.

GE oder **GEH?** ✓

_____FAHR ☐
_____WEG ☐
_____WICHT ☐
_____SCHULE ☐
_____SCHÄFT ☐
_____STOCK ☐

✓

_____STEIG ☐
_____SCHIRR ☐
_____SICHT ☐
_____TRÄNK ☐
_____PÄCK ☐
_____BEHINDERT ☐

VOR oder **FOR?**

_____TEIL ☐
_____MEL ☐
_____BILD ☐
_____DERN ☐
_____SILBE ☐
_____MAT ☐

_____HANG ☐
_____SCHER ☐
_____ÜBER ☐
_____NAME ☐
_____SICHTIG ☐
_____STELLEN ☐

VER oder **FER?**

_____NUNFT ☐
_____DACHT ☐
_____NE ☐
_____KÄUFER ☐
_____MISSEN ☐
_____PACKUNG ☐

_____KEL ☐
_____KEHRT ☐
_____RÄTER ☐
_____TIG ☐
_____LETZUNG ☐
_____BESSERN ☐

Diese Kompetenz beherrsche ich

Punkte	33 bis 36	30 bis 32	26 bis 29	23 bis 25	unter 23

Punkte
von 36

© VERITAS-Verlag, Linz. DURCHSTARTEN TESTBUCH, DEUTSCH, 4. KLASSE GRUNDSCHULE. Alle Rechte vorbehalten.

TEST 25

Testdauer: 5 min

Rechtschreibstrategie: Wörter mit ä und äu von Grundwörtern ableiten

Lies zuerst das Wort und setze **a** oder **e** beziehungsweise **au** oder **eu** ein. Entscheide dann beim abgeleiteten Wort, ob es mit **e** oder **ä** beziehungsweise **eu** oder **äu** geschrieben wird. Kontrolliere und setze für jede richtige Entscheidung ein ✓.
Für jedes ✓ erhältst du einen Punkt.

a oder **e** ?			✓
die Qu___l	→	qu___len	☐
schl___gen	→	es schl___gt	☐
die H___xe	→	verh___xen	☐
der T___g	→	t___glich	☐
der R___st	→	r___stlich	☐
die Gr___nze	→	angr___nzen	☐
die Gef___hr	→	gef___hrlich	☐
b___cken	→	das Geb___ck	☐
die Z___hl	→	abz___hlen	☐
der Sch___rz	→	sch___rzen	☐

eu oder **au** ?			
der T____fel	→	t____flisch	☐
der Sch____m	→	sch____men	☐
fr____en	→	erfr____lich	☐
k____fen	→	verk____flich	☐
der Tr____m	→	vertr____mt	☐
das Kr____z	→	die Kr____zung	☐
str____en	→	das Str____salz	☐
der H____fen	→	h____fig	☐
r____ben	→	der R____ber	☐
die B____le	→	verb____lt	☐

Diese Kompetenz beherrsche ich

Punkte	19 und 20	17 und 18	15 und 16	13 und 14	unter 13

Punkte von 20

© VERITAS-Verlag, Linz. DURCHSTARTEN TESTBUCH, DEUTSCH, 4. KLASSE GRUNDSCHULE. Alle Rechte vorbehalten.

Testdauer:
5 min

TEST 26

Rechtschreibstrategie:
Endmitlaute durch Verlängern hörbar machen

Setze **d** oder **t**, **g** oder **k**, **b** oder **p** am Wortende ein. Wende die Verlängerungsprobe an.
Kontrolliere und setze für jede richtige Entscheidung ein ✓.
Für jedes ✓ erhältst du einen Punkt.

d oder **t ?**

			✓
Klei___	weil	Klei___er	☐
bun___	weil	bun___er	☐
jeman___	weil	jeman___em	☐
Aben___	weil	Aben___e	☐
Fros___	weil	fros___ig	☐
gesun___	weil	gesün___er	☐

g oder **k ?**

schlan___	weil	schlan___er	☐
We___	weil	We___e	☐
Fabri___	weil	Fabri___en	☐
flin___	weil	flin___er	☐
kran___	weil	erkran___en	☐
Geschen___	weil	schen___en	☐

b oder **p ?**

plum___	weil	plum___er	☐
Kor___	weil	Kör___e	☐
lie___	weil	lie___er	☐
Lum___	weil	Lum___en	☐
Stau___	weil	stau___ig	☐
Kal___	weil	Käl___er	☐

Diese Kompetenz beherrsche ich

Punkte	17 und 18	15 und 16	13 und 14	11 und 12	unter 11

Punkte
von 18

© VERITAS-Verlag, Linz. DURCHSTARTEN TESTBUCH, DEUTSCH, 4. KLASSE GRUNDSCHULE. Alle Rechte vorbehalten.

TEST 27

Testdauer: 5 min

Rechtschreibstrategie: Mitlaute vor einem t in der Grundform abhören

Lies die Wörter laut. Entscheide, ob **g** oder **k**, **b** oder **p** geschrieben werden muss.
Kontrolliere und setze für jede richtige Entscheidung ein ✓.
Für jedes ✓ erhältst du einen Punkt.

g oder **k** ?

			✓
er zwin___t	weil	zwin___en	☐
er bie___t	weil	bie___en	☐
er kla___t	weil	kla___en	☐
es blin___t	weil	blin___en	☐
es stin___t	weil	stin___en	☐
er dan___t	weil	dan___en	☐
sie stei___t	weil	stei___en	☐
es bewir___t	weil	bewir___en	☐
er len___t	weil	len___en	☐
er verlan___t	weil	verlan___en	☐
sie wel___t	weil	wel___en	☐
es klin___t	weil	klin___en	☐

b oder **p** ?

er lie___t	weil	lie___en	☐
sie lo___t	weil	lo___en	☐
er rau___t	weil	rau___en	☐
er to___t	weil	to___en	☐
er hu___t	weil	hu___en	☐
er le___t	weil	le___en	☐
er schrei___t	weil	schrei___en	☐
es verdir___t	weil	verder___en	☐

Diese Kompetenz beherrsche ich

	😆	🙂	😐	🙁	😝
Punkte	19 und 20	17 und 18	15 und 16	13 und 14	unter 13

Punkte von 20

© VERITAS-Verlag, Linz. DURCHSTARTEN TESTBUCH, DEUTSCH, 4. KLASSE GRUNDSCHULE. Alle Rechte vorbehalten.

Testdauer:
6 min

TEST 28

Rechtschreibstrategie:
Längere Wörter aus Wortbausteinen zusammensetzen

Baue aus folgenden Wortbausteinen sinnvolle Wörter.
Der erste Wortbaustein ist *kursiv* gedruckt.
Kontrolliere und setze für jedes richtig geschriebene Wort ein ✓.
Für jedes ✓ erhältst du einen Punkt.

					✓
wahr	lich	*un*	schein	______________________	☐
keit	ig	en	*Süß*	______________________	☐
nacht	baum	*Weih*	s	______________________	☐
ball	mann	*Fuß*	schaft	______________________	☐
burt	*Ge*	s	tag	______________________	☐
ver	bar	*un*	letz	______________________	☐
ein	t	*be*	druck	______________________	☐
ver	lich	gess	*un*	______________________	☐
nieß	*ge*	bar		______________________	☐
bar	*Un*	keit	dank	______________________	☐
en	reiß	*zer*		______________________	☐
und	vier	*drei*	zig	______________________	☐
aus	*vor*	lich	sicht	______________________	☐
t	stürz	*ab*	ge	______________________	☐
ver	glück	un	en	______________________	☐

Diese Kompetenz beherrsche ich

	😄	🙂	😐	🙁	😝
Punkte	14 und 15	12 und 13	10 und 11	9	unter 9

Punkte
von 15

© VERITAS-Verlag, Linz. DURCHSTARTEN TESTBUCH, DEUTSCH, 4. KLASSE GRUNDSCHULE. Alle Rechte vorbehalten.

TEST 29

Testdauer: 6 min

Rechtschreibstrategie: Besondere Stellen in verwandten Wörtern berücksichtigen

Ergänze jeweils die beiden verwandten Wörter.
Kontrolliere und setze für jedes richtig geschriebene Wort ein ✓.
Für jedes ✓ erhältst du einen Punkt.

				✓
süß	→	ver______en	______igkeit	☐ ☐
viel	→	______leicht	ver______fältigen	☐ ☐
mehr	→	ver______en	______zahl	☐ ☐
voll	→	______ig	______kornbrot	☐ ☐
roh	→	______eisen	______kost	☐ ☐
Paar	→	Ehe______	sich ______en	☐ ☐
bloß	→	______füßig	______stellen	☐ ☐
Schluss	→	______el	un______ig	☐ ☐
rück(en)	→	zu______	ver______t	☐ ☐
leer(en)	→	______gut	ent______en	☐ ☐
Platz	→	______e	zer______en	☐ ☐
hoff(en)	→	______nung	unver______t	☐ ☐
pack(en)	→	ver______en	Ver______ung	☐ ☐
Saite	→	Darm______	______instrument	☐ ☐
Sturz	→	ge______t	______helm	☐ ☐
reiß(en)	→	zer______en	______verschluss	☐ ☐

Diese Kompetenz beherrsche ich

Punkte	30 bis 32	27 bis 29	23 bis 26	20 bis 22	unter 20

Punkte von 32

© VERITAS-Verlag, Linz. DURCHSTARTEN TESTBUCH, DEUTSCH, 4. KLASSE GRUNDSCHULE. Alle Rechte vorbehalten.

Testdauer:
10 min

TEST 30

Rechtschreibstrategie: Bei Superlativen (Meiststufe) Entscheidungen in der Grundform treffen

Lies laut und deutlich. Setze **n** oder **nd** ein. Bilde dann die Meiststufe.
Kontrolliere und setze für jede richtige Entscheidung ein ✓.
Für jedes ✓ erhältst du einen Punkt.

n oder **nd** ?

Grundstufe ↓		Meiststufe ↓		✓
hervorrage____e Leistungen	→	____________________	Leistungen	☐
verschiede____e Meinungen	→	____________________	Meinungen	☐
spanne____e Filme	→	____________________	Filme	☐
zufriede____e Kunden	→	____________________	Kunden	☐
reize____e Kleider	→	____________________	Kleider	☐
trocke____e Gebiete	→	____________________	Gebiete	☐
anstrenge____e Touren	→	____________________	Touren	☐
verheere____e Brände	→	____________________	Brände	☐
bescheide____e Leute	→	____________________	Leute	☐
treffe____e Worte	→	____________________	Worte	☐
verborge____e Wünsche	→	____________________	Wünsche	☐
erlese____e Speisen	→	____________________	Speisen	☐
bedeute____e Personen	→	____________________	Personen	☐
verdorbe____e Waren	→	____________________	Waren	☐

Diese Kompetenz beherrsche ich

	😆	🙂	😐	🙁	😝
Punkte	13 und 14	12	10 und 11	9	unter 9

Punkte
von 14

© VERITAS-Verlag, Linz. DURCHSTARTEN TESTBUCH, DEUTSCH, 4. KLASSE GRUNDSCHULE. Alle Rechte vorbehalten.

TEST 31

Testdauer: 10 min

Rechtschreibstrategie: Am Zusammenstoß von Wortbausteinen auf den Endlaut und Anfangslaut achten

Schreibe die Zusammensetzung auf.
Kontrolliere und setze für jedes richtig geschriebene Wort ein ✓.
Für jedes ✓ erhältst du einen Punkt.

			✓
er + ringen	=	______________	☐
auf + fällig	=	______________	☐
be + enden	=	______________	☐
ver + raten	=	______________	☐
voll + laufen	=	______________	☐
ent + täuschen	=	______________	☐
her + innen	=	______________	☐
Schritt + Tempo	=	______________	☐
er + reichen	=	______________	☐
ge + ehrt	=	______________	☐
Schiff + Fahrt	=	______________	☐
viel + leicht	=	______________	☐
brenn(en) + Nessel	=	______________	☐
weis(e) + sagen	=	______________	☐
fort + tragen	=	______________	☐
er + eignen	=	______________	☐
weih(en) + Nacht	=	______________	☐
Donau + Ufer	=	______________	☐
nach + her	=	______________	☐

Diese Kompetenz beherrsche ich

Punkte	18 und 19	16 und 17	14 und 15	12 und 13	unter 12

Punkte von 19

Testdauer:
10 min

TEST 32

Rechtschreibstrategie:
Namenwörter und Wörter am Satzanfang großschreiben

Übermale jene Stellen im Text, wo du das Wort großschreiben musst.
Kontrolliere und setze für jede richtige Entscheidung ein ✓.
Für jedes ✓ erhältst du einen Punkt.

✓

einmal kam der teufel in ein dorf, nahm drei frauen mit und verwandelte
sie in drei rosensträucher. diese standen auf einer wiese außerhalb
des dorfes. die büsche waren in farbe, form und duft vollkommen
gleich. sie hatten auch dieselbe anzahl von blättern, blüten und stacheln.
hinter einem rosenstrauch steckte eine frau, die daheim mann und
kind hatte.
der teufel hatte erbarmen und ließ die frau jede nacht zu ihrer familie
gehen. nach sonnenuntergang kam die frau immer heim. sobald
aber am morgen die sonne aufging, musste sie wieder als rosenstrauch
zurück auf die wiese. sie wollte aber auch bei tag bei ihrer familie sein.
der teufel stimmte zu, gab aber dem mann eine aufgabe.
der teufel forderte: „morgen in der früh, wenn deine frau wieder zurück
auf die wiese geht, folgst du ihr etwas später. wenn du den rosenstrauch
erkennst, der deine frau ist, kann sie wieder tag und nacht bei euch sein."
als die sonne aufging, verschwand die frau. kurz danach ging der mann
auf die wiese. lange betrachtete er die drei rosenbüsche. sie schauten
wirklich gleich aus. er wusste aber, welcher seine frau war.

Weißt du es auch?

Diese Kompetenz beherrsche ich					
Punkte	61 bis 66	55 bis 60	48 bis 54	42 bis 47	unter 42

Punkte
von 66

© VERITAS-Verlag, Linz. DURCHSTARTEN TESTBUCH, DEUTSCH, 4. KLASSE GRUNDSCHULE. Alle Rechte vorbehalten.

TEST 33

Testdauer:
5 min

Rechtschreibstrategie:
Nachsilben als Signale für Groß- oder Kleinschreibung erkennen und berücksichtigen

Setze den Anfangsbuchstaben jedes Wortes ein.
Kontrolliere und setze für jede richtige Entscheidung ein ✓.
Für jedes ✓ erhältst du einen Punkt.

		✓		✓
f / F	___reundlich	☐	___reundschaft	☐
m / M	___aßlos	☐	___äßigung	☐
w / W	___ürdig	☐	___ürdigung	☐
h / H	___offnung	☐	___offnungslos	☐
k / K	___indheit	☐	___indisch	☐
f / F	___eindlich	☐	___eindschaft	☐
h / H	___erzlich	☐	___erzlos	☐
e / E	___ndlich	☐	___ndung	☐
k / K	___ränklich	☐	___rankheit	☐
f / F	___aulheit	☐	___aulig	☐
z / Z	___eitung	☐	___eitlos	☐
f / F	___reiheit	☐	___reilich	☐
t / T	___raurig	☐	___raurigkeit	☐
h / H	___eilung	☐	___eilbar	☐
k / K	___räftig	☐	___raftlos	☐
f / F	___estlich	☐	___estung	☐

Diese Kompetenz beherrsche ich					
Punkte	30 bis 32	27 bis 29	23 bis 26	20 bis 22	unter 20

Punkte von 32

© VERITAS-Verlag, Linz. DURCHSTARTEN TESTBUCH, DEUTSCH, 4. KLASSE GRUNDSCHULE. Alle Rechte vorbehalten.

Testdauer:
10 min

TEST 34

Rechtschreibstrategie: Entscheidungen zur Großschreibung bei Wortzusammensetzungen treffen

Bilde Zusammensetzungen und schreibe sie auf.
Achte besonders auf die Groß- und Kleinschreibung.
Kontrolliere und setze für jedes richtig geschriebene Wort ein ✓.
Für jedes ✓ erhältst du einen Punkt.

					✓
Feuer	+	ROT	=	______________	☐
Eis	+	LAUFEN	=	______________	☐
knall(en)	+	FROSCH	=	______________	☐
Eis	+	KALT	=	______________	☐
Kopf	+	STEHEN	=	______________	☐
Titel	+	BLATT	=	______________	☐
Kopf	+	RECHNEN	=	______________	☐
gleich	+	GEWICHT	=	______________	☐
gleich	+	GÜLTIG	=	______________	☐
Gras	+	GRÜN	=	______________	☐
rot	+	KRAUT	=	______________	☐
lese(n)	+	BUCH	=	______________	☐
Feuer	+	ALARM	=	______________	☐
Blitz	+	SCHNELL	=	______________	☐
Stock	+	DUNKEL	=	______________	☐
Auto	+	BAHN	=	______________	☐
unter	+	ARM	=	______________	☐
druck(en)	+	SCHRIFT	=	______________	☐

Diese Kompetenz beherrsche ich

Punkte	17 und 18	15 und 16	13 und 14	11 und 12	unter 11

Punkte von 18

© VERITAS-Verlag, Linz. DURCHSTARTEN TESTBUCH, DEUTSCH, 4. KLASSE GRUNDSCHULE. Alle Rechte vorbehalten.

TEST 35

Testdauer: 5 min

Rechtschreibstrategie: Fürwörter der höflichen Anrede erkennen und großschreiben

Welche SIE richten sich direkt an den Herrn Stadtrat?
Unterstreiche diese.
Kontrolliere und setze für jede richtige Entscheidung ein ✓.
Für jedes ✓ erhältst du einen Punkt.

Sehr geehrter Herr Stadtrat! ✓

Wahrscheinlich kennen SIE die Parkanlage zwischen Sportplatz und ☐

dem Mühlbach. Haben SIE auch schon bemerkt, dass diese Grünanlage ☐

kein Mensch benutzt und dass SIE für die Gemeinde nur Kosten verursacht. ☐

Wir wollen nun an SIE einen Wunsch vieler Eltern herantragen. ☐

Da der Sportplatz nur den Vereinsmitgliedern zur Verfügung steht, wissen

SIE nicht, wo sich ihre Kinder in frischer Luft bewegen können. ☐

Daher wenden wir uns mit der Bitte an SIE, ob SIE uns nicht unterstützen ☐☐

könnten, den Park in eine Freizeitanlage für Kinder umzugestalten.

Wenn unsere Kinder keinen Platz für das Spielen im Freien haben,

bleibt ihnen nichts anderes übrig, als auf der Straße zu spielen.

Bitte nehmen SIE sich der Sache an. ☐

Auch die Chefin unserer örtlichen Baufirma hat bereits ihre Hilfe

zugesagt. Mit einer Spende wird SIE das Vorhaben unterstützen. ☐

Wir hoffen, dass SIE die Kolleginnen und Kollegen ☐

im Gemeinderat von unserer Idee überzeugen können.

Wir bitten SIE um einen Terminvorschlag für ein erstes Gespräch. ☐

Diese Kompetenz beherrsche ich

	😆	🙂	😐	🙁	😝
Punkte	10 und 11	9	8	7	unter 7

Punkte von 11

© VERITAS-Verlag, Linz. DURCHSTARTEN TESTBUCH, DEUTSCH, 4. KLASSE GRUNDSCHULE. Alle Rechte vorbehalten.

Testdauer: 10 min

TEST 36

Arbeitstechniken im Rechtschreiben: Nachschlagen im Wörterbuch – ungefähres Aufschlagen des Wörterbuches

Schlage folgende Wörter nach. Wie nahe bist du beim ersten Aufschlagen gekommen?
Wenn der Unterschied weniger als 10 Seiten beträgt, setze ein ✓.
Für jedes ✓ erhältst du einen Punkt.

gesuchtes Wort	Welche Doppelseite hast du spontan aufgeschlagen?	Auf welcher Seite steht das Wort?	Unterschied	✓
Bohrer	______	______	______	☐
Zwiebel	______	______	______	☐
Matratze	______	______	______	☐
Deponie	______	______	______	☐
Ufer	______	______	______	☐
Allergie	______	______	______	☐
Rätsel	______	______	______	☐
Turnier	______	______	______	☐
Clown	______	______	______	☐
spazieren	______	______	______	☐
Gymnastik	______	______	______	☐
Walze	______	______	______	☐

Diese Kompetenz beherrsche ich

	😄	🙂	😐	🙁	😝
Punkte	11 und 12	10	9	7 und 8	unter 7

Punkte von 12

© VERITAS-Verlag, Linz. DURCHSTARTEN TESTBUCH, DEUTSCH, 4. KLASSE GRUNDSCHULE. Alle Rechte vorbehalten.

TEST 37

Testdauer:
10 min

Arbeitstechniken im Rechtschreiben: Nachschlagen im Wörterbuch – Zeitwörter in der Befehlsform

Befehlsformen findest du nicht als Stichwörter in einem Wörterverzeichnis. Du musst die Nennform nachschlagen. Schlag die Nennform nach, schreibe sie daneben und notiere die Seite und Spalte (links [l] oder rechts [r]). Kontrolliere und setze für jedes richtige Nachschlagen ein ✓.
Für jedes ✓ erhältst du einen Punkt.

Befehlsform	**Nennform**	**Seite**	**Spalte**	✓
vergiss!				☐
brich!				☐
gib!				☐
nimm!				☐
iss!				☐
sammle!				☐
lies!				☐
hilf!				☐
miss!				☐
sprich!				☐
wirf!				☐
ändere!				☐

Diese Kompetenz beherrsche ich

Punkte	11 und 12	10	9	7 und 8	unter 7

Punkte
von 12

© VERITAS-Verlag, Linz. DURCHSTARTEN TESTBUCH, DEUTSCH, 4. KLASSE GRUNDSCHULE. Alle Rechte vorbehalten.

Testdauer: 12 min

TEST 38

Arbeitstechniken im Rechtschreiben: Nachschlagen im Wörterbuch – Mehrzahlformen von Namenwörtern

Wenn du dir bei der Bildung der Mehrzahlform bei dem einen oder anderen Wort unsicher bist, kannst du diese Form im Wörterbuch nachschlagen. Schreibe die Mehrzahlform daneben, schlag sie nach und schreibe die Seite und Spalte (links [l] oder rechts [r]) auf. Kontrolliere und setze für jedes richtige Nachschlagen ein ✓.
Für jedes ✓ erhältst du einen Punkt.

Einzahl	Mehrzahl	Seite	Spalte	✓
Pizza	______	______	______	☐
Gymnasium	______	______	______	☐
Patin	______	______	______	☐
Zeugnis	______	______	______	☐
Atlas	______	______	______	☐
Lexikon	______	______	______	☐
Autobus	______	______	______	☐
Kaktus	______	______	______	☐
Thema	______	______	______	☐
Tempo	______	______	______	☐
Rhythmus	______	______	______	☐
Zirkus	______	______	______	☐

Diese Kompetenz beherrsche ich					
	😄	🙂	😐	🙁	😝
Punkte	11 und 12	10	9	7 und 8	unter 7

Punkte von 12

© VERITAS-Verlag, Linz. DURCHSTARTEN TESTBUCH, DEUTSCH, 4. KLASSE GRUNDSCHULE. Alle Rechte vorbehalten.

TEST 39

Testdauer: 15 min

Arbeitstechniken im Rechtschreiben: Nachschlagen im Wörterbuch – Textüberarbeitung mit Hilfe des Wörterbuches

Wenn du dir beim Schreiben eines Textes da und dort unsicher bist, mache mit Bleistift ein Fragezeichen über dieses Wort. Am Ende kannst du die Wörter mit Fragezeichen nachschlagen.
Übermale die richtige Schreibung und schreibe die Wörterbuchseite über das Wort.
Kontrolliere und setze für jedes richtige Nachschlagen ein ✓.
Für jedes ✓ erhältst du einen Punkt.

Im letzten Sommer verbrachten meine Eltern, Onkel Richard, meine ✓

K ?u / ou sine Steffi und ich zwei schöne Wochen in B ?ei / ai / ay / aj ern. ☐ ☐

Mein Vater spielte immer ?v / V ormittags eine Runde Golf. ☐

Eines Tages begleitete ihn Onkel Richard zum ?C / K lub und wollte ☐

ein p ?a / aa r Abschläge probieren. ☐

Mein Papa verriet ihm noch einige Tri ?k / ck / x s, doch Onkel Richard ☐

pr ?a / ah lte: „Ich war Eishock ?ey / ye spieler und bin doch kein Amat ?ö / eu r." ☐ ☐ ☐

Paralle ?l / ll zum Golfplatz gab es einen Übungsplatz, auf dem Onkel ☐

Richard seine ?Sch / Sh ow abziehen wollte. ☐

Wirklich, Onkel Richard traf den Ball haargenau. Der Ball zischte ab

und flog in Richtung Rest ?o / au rant. ☐

Wir alle waren total ents ?e / ä tzt. Wo wird der Ball landen? ☐

Da krachte er schon auf einen J ?i / ee / ie p und schlug eine große ☐

?D / T elle in das Dach. ☐

„Gott sei ?D/d ank hat der Ball keinen Menschen getroffen", meinte Vater. ☐

Diese Kompetenz beherrsche ich					
	😆	🙂	😐	🙁	😝
Punkte	15 und 16	13 und 14	12	10 und 11	unter 10

Punkte von 16

© VERITAS-Verlag, Linz. DURCHSTARTEN TESTBUCH, DEUTSCH, 4. KLASSE GRUNDSCHULE. Alle Rechte vorbehalten.

Testdauer: 6 min

TEST 40

Arbeitstechniken im Rechtschreiben: Wörter richtig abschreiben

Lies die Fremdwörter halblaut.
Decke dann je ein Wort ab und schreibe es aus dem Gedächtnis auf.
Kontrolliere und setze für jedes richtig geschriebene Wort ein ✓.
Für jedes ✓ erhältst du einen Punkt.

		✓
Gymnasium	______________________	☐
Mountainbike	______________________	☐
Scooter	______________________	☐
Pizzeria	______________________	☐
sympathisch	______________________	☐
Swimmingpool	______________________	☐
Sheriff	______________________	☐
Walkman	______________________	☐
Gameboy	______________________	☐
Rallye	______________________	☐
Labyrinth	______________________	☐
Rowdy	______________________	☐
Recycling	______________________	☐
Grapefruit	______________________	☐

Diese Kompetenz beherrsche ich

Punkte	13 und 14	12	10 und 11	9	unter 9

Punkte von 14

© VERITAS-Verlag, Linz. DURCHSTARTEN TESTBUCH, DEUTSCH, 4. KLASSE GRUNDSCHULE. Alle Rechte vorbehalten.

TEST 41

Arbeitstechniken im Rechtschreiben: Sätze und Texte richtig abschreiben

Testdauer: 10 min

Lies den Text einmal still durch. Lies dann jeden Satz halblaut und teile ihn in kleinere Abschnitte. Schau dir schwierige Wortstellen genau an. Schreibe dann Abschnitt für Abschnitt aus dem Gedächtnis nieder. Kontrolliere und setze für jedes richtig geschriebene Wort ein ✓. Für jedes ✓ erhältst du einen Punkt.

	✓
Unsere Klasse soll schön und sauber bleiben.	☐☐☐☐☐☐☐
Daher bekommt jedes Kind eine Aufgabe.	☐☐☐☐☐☐
Einige Mädchen und Buben haben spezielle Ämter.	☐☐☐☐☐☐☐
Sie putzen die Tafel oder sammeln die Hefte ein.	☐☐☐☐☐☐☐☐☐
Seinen eigenen Platz muss jeder selbst aufräumen.	☐☐☐☐☐☐☐
Der Schmutz wandert in den Papierkorb.	☐☐☐☐☐☐
Nichts darf liegen bleiben.	☐☐☐☐

Diese Kompetenz beherrsche ich					
Punkte	43 bis 46	38 bis 42	34 bis 37	29 bis 33	unter 29

Punkte von 46

© VERITAS-Verlag, Linz. DURCHSTARTEN TESTBUCH, DEUTSCH, 4. KLASSE GRUNDSCHULE. Alle Rechte vorbehalten.

Testdauer: 6 min

TEST 42

Arbeitstechniken im Rechtschreiben: Abgeschriebene Texte korrekturlesen

So musst du vorgehen:

- Der linke Zeigefinger kommt auf das erste Wort in der Vorlage.
- Die Bleistiftspitze kommt unter das erste Wort deiner Abschrift.
- Lies Buchstabe für Buchstabe, Wort für Wort halblaut und fahre mit dem Bleistift (in der Luft) von links nach rechts mit.
- Vergleiche nach jedem Wort deinen Text mit der Vorlage.

Korrigiere den rechten Text. Zeichne die Fehler an.
Kontrolliere und setze für jeden gefundenen Fehler ein ✓.
Für jedes ✓ erhältst du einen Punkt.

Vorlage	abgeschriebener Text	✓
Fische haben weiche Körper,	Fische haben weichen Körper,	☐
die von harten Schuppen	die von harrten Schuppen	☐
geschützt werden.	geschüzt werden.	☐
Diese Schuppen sind Teil	Diese Schuppen sind Teil	
der Haut und können	der Haupt und Können	☐
verschieden sein: klein, spitz,	verscheiden sein: Klein, spitz,	☐
groß, rund. Ringe in den	groß, rund. Ringe in den	
Schuppen verraten das Alter.	Schuppen veraten das Alter.	☐
Fische haben Kiemen, mit denen	Fische haben Kiemen, mit den	☐
sie Sauerstoff aus dem Wasser	sie Sauerstoff aus dem Wasser	
aufnehmen. Da die Kiemen nur im	auf nehmen. Da die Kiemen nun im	☐ ☐
Wasser funktionieren, können	Wasser funktioniren, Können	☐
Fische auf dem Land nicht leben	Fische auf dem Land nich leben	☐
und ersticken.	und erstiken.	☐
Fische haben auf jeder Seite des	Fische haben auf jeden Seite des	☐
Kopfes ein Ohr. Diese sind aber	Kopfes ein Ohr. Diese sind aber	
nicht zu sehen. Wenn Fische	nicht zu sehn. Wenn Fische	☐
Geräusche hören, bringen sie sich	Geräusche hören, bringen sie sich	
auf dem Grund in Sicherheit.	auf dem Grund in sicherheit.	☐

Diese Kompetenz beherrsche ich

	😄	🙂	😐	🙁	😝
Punkte	14 und 15	12 und 13	10 und 11	9	unter 9

15 Punkte von 15

© VERITAS-Verlag, Linz. DURCHSTARTEN TESTBUCH, DEUTSCH, 4. KLASSE GRUNDSCHULE. Alle Rechte vorbehalten.

TEST 43

Testdauer: 6 min

Regelungen für normgerechtes Schreiben anwenden: Doppelungen von Mitlauten

Wiederholung der Doppelregeln

1. Nach einem **kurzen** Selbstlaut/Umlaut wird der nachfolgende Mitlaut **verdoppelt**, wenn nur **e i n Mitlaut** zu hören ist: *Ball*, *Henne*, *Wasser* …
2. Nach einem **kurzen** Selbstlaut/Umlaut wird der nachfolgende Mitlaut **nicht verdoppelt**, wenn **zwei** oder **mehrere verschiedene Mitlaute** zu hören sind: *Kanne*, aber *Kante*; *Herr*, aber *Herbst* …
3. Durch **silbenweises Sprechen** kannst du eine Verdoppelung hören und spüren:
   sie be ten — An der Silbengrenze bleibt der Mund offen: Doppelverbot!
   die Bet ten — An der Silbengrenze bleibt der Mund geschlossen: Doppelung!

Setze einen einfachen oder doppelten Mitlaut ein.
Kontrolliere und setze für jede richtige Eintragung ein ✓.
Für jedes ✓ erhältst du einen Punkt.

		✓		✓		✓
n/nn	Ka_____e	☐	spa_____end	☐	ka_____tig	☐
p/pp	Sto_____el	☐	Ka_____e	☐	Ka_____sel	☐
f/ff	Kra_____t	☐	ho_____en	☐	Zi_____er	☐
m/mm	sa_____eln	☐	So_____er	☐	He_____d	☐
r/rr	su_____en	☐	hu_____tig	☐	kna_____en	☐
s/ss	Ta_____e	☐	Ta_____te	☐	Me_____er	☐
l/ll	Fa_____ter	☐	Te_____er	☐	We_____t	☐
t/tt	We_____er	☐	gla_____	☐	Mu_____er	☐
p/pp	Su_____e	☐	Ri_____e	☐	Gi_____s	☐
n/nn	Spi_____e	☐	wi_____seln	☐	Gewi_____	☐

Diese Kompetenz beherrsche ich

Punkte	28 bis 30	25 bis 27	22 bis 24	19 bis 21	unter 19

Punkte von 30

© VERITAS-Verlag, Linz. DURCHSTARTEN TESTBUCH, DEUTSCH, 4. KLASSE GRUNDSCHULE. Alle Rechte vorbehalten.

Testdauer:
6 min

TEST 44

Regelungen für normgerechtes Schreiben anwenden: Wörter mit tz und ck

Wiederholung der ck- und tz-Regeln

1. Ein **ck** oder **tz** kann nur nach einem **kurzen Selbstlaut / Umlaut** stehen: *Katze, Mütze; Fackel, Mücke …*
2. **Nach einem Mitlaut** schreibt man nur **k** oder **z:** *wanken, Pelz, Kerze …* „Nach l, n, r, das merke ja, kommt nie tz oder ck!“
3. **Nach einem Zwielaut** (au, ei, eu) kommt nur **k** oder **z:** *Kauz, heizen, Kreuzung; schaukeln, heikel …*

Setze die fehlenden Buchstaben ein.
Kontrolliere und setze für jede richtige Eintragung ein ✓.
Für jedes ✓ erhältst du einen Punkt.

z oder tz ?

	✓		✓		✓
tro___ig	☐	Schmer___	☐	pla___ieren	☐
Lan___e	☐	schnäu___en	☐	Kreu___	☐
se___en	☐	pu___en	☐	Wal___e	☐
gan___	☐	Wei___en	☐	hi___ig	☐
verle___en	☐	Schnau___e	☐	stür___en	☐

k oder ck ?

Ja___e	☐	Pran___e	☐	tro___en	☐
hei___el	☐	schme___en	☐	Kal___	☐
schre___en	☐	er erschra___	☐	pa___en	☐
hä___eln	☐	De___e	☐	me___ern	☐
We___er	☐	mer___en	☐	quie___en	☐

Diese Kompetenz beherrsche ich

Punkte	28 bis 30	25 bis 27	22 bis 24	19 bis 21	unter 19

30
Punkte von 30

© VERITAS-Verlag, Linz. DURCHSTARTEN TESTBUCH, DEUTSCH, 4. KLASSE GRUNDSCHULE. Alle Rechte vorbehalten.

TEST 45

Testdauer:
5 min

Regelungen für normgerechtes Schreiben anwenden: Wörter mit ss

Wiederholung der Regeln zu ss

1. Ein **ss** ist wie jeder andere Doppelmitlaut zu betrachten.
2. Ein **ss** kann nur nach einem kurzen, betonten Selbstlaut stehen, wenn kein weiterer Mitlaut zu hören ist: *Fass*, *besser* …, aber *Rost*, *Pest* …

Sprich die Wörter deutlich aus und entscheide, ob du **s** oder **ss** einsetzen musst.
Kontrolliere und setze für jede richtige Eintragung ein ✓.
Für jedes ✓ erhältst du einen Punkt.

1. Entscheidung: kurzer oder langer Selbstlaut?

	✓		✓
Bla___en auf der Ferse	☐	ein rie___iges Glück	☐
eine bla___e Hautfarbe	☐	Ri___e in der Mauer	☐
eine seltene Tierra___e	☐	eine gra___ende Kuh	☐
giftige Ga___e einatmen	☐	etwas ausbe___ern	☐
einen Gru___elfilm sehen	☐	die Holzma___erung	☐

2. Entscheidung: ein oder zwei verschiedene Mitlaute nach dem kurzen Selbstlaut?

	✓		✓
Wa___er	☐	Ma___t	☐
Mu___kel	☐	Schlü___el	☐
Schlo___	☐	ko___ten	☐
We___pe	☐	verge___en	☐
fa___en	☐	We___te	☐
Intere___e	☐	Qua___te	☐
flü___ig	☐	lä___tig	☐

Diese Kompetenz beherrsche ich

	😄	🙂	😐	🙁	😝
Punkte	22 bis 24	20 und 21	18 und 19	15 bis 17	unter 15

Punkte von 24

© VERITAS-Verlag, Linz. DURCHSTARTEN TESTBUCH, DEUTSCH, 4. KLASSE GRUNDSCHULE. Alle Rechte vorbehalten.

Testdauer: 5 min

TEST 46

Regelungen für normgerechtes Schreiben anwenden: Wörter mit ß

Wiederholung der Regeln zum ß

1. Nach einem langen, betonten Selbstlaut oder Zwielaut kann ein **s** oder **ß** stehen: *Hase, fraßen …*
2. Die Aussprache entscheidet.
   Klingt der s-Laut summend, dann s: *Hose, Riese, Vase …*
   Klingt der s-Laut zischend, dann ß: *weißer Rauch, Grüße …*
3. Steht der s-Laut am Wortende, musst du das Wort verlängern, um den Unterschied zu hören: *Gra?* → *Gräser, Gru?* → *Grüße*

Sprich die Wörter deutlich aus und entscheide, ob du **s** oder **ß** einsetzen musst.
Kontrolliere und setze für jede richtige Eintragung ein ✓.
Für jedes ✓ erhältst du einen Punkt.

1. Entscheidung: Wird der s-Laut summend oder zischend ausgesprochen?

	✓		✓
freundlich grü___en	☐	ein Dü___enjäger	☐
eine hei___ere Stimme	☐	etwas anprei___en	☐
wei___e Weihnachten	☐	hei___en Tee trinken	☐
ein Papier zerrei___en	☐	ins Ausland verrei___en	☐

2. Entscheidung: Das Wort verlängern, wenn der s-Laut am Wortende steht.

			✓
das Ma___	→	die Ma___e	☐
die Lau___	→	die Läu___e	☐
der Prei___	→	die Prei___e	☐
das Gra___	→	die Grä___er	☐
das Ga___	→	die Ga___e	☐
der Gru___	→	die Grü___e	☐

Diese Kompetenz beherrsche ich

Punkte	13 und 14	12	10 und 11	9	unter 9

Punkte von 14

© VERITAS-Verlag, Linz. DURCHSTARTEN TESTBUCH, DEUTSCH, 4. KLASSE GRUNDSCHULE. Alle Rechte vorbehalten.

TEST 47

Testdauer: 8 min

Regelungen für normgerechtes Schreiben anwenden: Wörter am Zeilenende abteilen

Wiederholung der Trennungsregeln

1. Einfache Wörter werden grundsätzlich **nach Silben** getrennt.
2. Steht **e i n** Mitlaut an der Silbengrenze, kommt der Mitlaut in die nächste Zeile: *Wa – **g**en, Ba – **n**a – **n**e, bü – **ß**en, Paa – **r**e …*
3. **ch, ck, sch** gelten als **e i n** Mitlaut, daher: *ma – **ch**en, Mü – **ck**e, Ma – **sch**e …*
4. Stehen **mehrere** Mitlaute an der Silbengrenze, kommt nur der **letzte** Mitlaut in die nächste Zeile: *Wan – **z**e, wün – **sch**en, man – **ch**e, Mes – **s**er, Meis – **t**er, set – **z**en, stap – **f**en, Damp – **f**er …*

Schreibe die Wörter in Silben auf.
Kontrolliere und setze für jede richtige Eintragung ein ✓.
Für jedes ✓ erhältst du einen Punkt.

		✓			✓
Hotel	______-______	☐	rauschen	______-______	☐
rächen	______-______	☐	kaufen	______-______	☐
Klavier	______-______	☐	Paket	______-______	☐
Papier	______-______	☐	Zucker	______-______	☐
Masche	______-______	☐	fleißig	______-______	☐
Drohung	______-______	☐	lachen	______-______	☐
Lanze	______-______	☐	rutschen	______-______	☐
Wasser	______-______	☐	schmatzen	______-______	☐
hüpfen	______-______	☐	rechnen	______-______	☐
Koffer	______-______	☐	Päckchen	______-______	☐
Künstler	______-______	☐	Karpfen	______-______	☐
emsig	______-______	☐	Ängste	______-______	☐

Diese Kompetenz beherrsche ich					
	😄	🙂	😐	🙁	😫
Punkte	22 bis 24	20 und 21	18 und 19	15 und 17	unter 15

Punkte von 24

© VERITAS-Verlag, Linz. DURCHSTARTEN TESTBUCH, DEUTSCH, 4. KLASSE GRUNDSCHULE. Alle Rechte vorbehalten.

Testdauer:
6 min

TEST 48

Einen begrenzten Wortschatz normgerecht schreiben: Wörter mit Dehnungs-h

Wiederholung zur Schreibung mit -h

1. Für das Dehnungs-h gibt es zwar Regelungen, leider sind sie kompliziert und nicht immer verlässlich. Eines kannst du dir aber merken: Ein **Dehnungs-h** kann – muss aber nicht – nur dann stehen, wenn darauf ein **l**, **m**, **n** oder **r** folgt: küh**l**, la**h**m, So**h**n, se**hr** …
2. Wörter mit einem Dehnungs-h musst du dir **merken**.

Lies die Wörter. Trage die fehlenden Buchstaben ein.
Kontrolliere und setze für jede richtige Eintragung ein ✓.
Für jedes ✓ erhältst du einen Punkt.

a oder **ah** ? ✓ ✓ ✓ ✓

schm___l ☐ J___r ☐ N___rung ☐ Sch___f ☐

B___n ☐ Sch___le ☐ f___ren ☐ F___ne ☐

e oder **eh** ?

F___ler ☐ F___der ☐ Verk___r ☐ ___rlich ☐

b___ten ☐ f___len ☐ n___men ☐ h___ben ☐

o oder **oh** ?

S___fa ☐ sch___nen ☐ bel___nen ☐ N___te ☐

M___de ☐ K___le ☐ W___nung ☐ ___ne ☐

u oder **uh** ?

Schn___r ☐ F___rwerk ☐ Sp___r ☐ ___rmacher ☐

Ber___f ☐ Brath___n ☐ ___rlaub ☐ m___tig ☐

Diese Kompetenz beherrsche ich					
Punkte	30 bis 32	27 bis 29	23 bis 26	20 bis 22	unter 20

Punkte von 32

© VERITAS-Verlag, Linz. DURCHSTARTEN TESTBUCH, DEUTSCH, 4. KLASSE GRUNDSCHULE. Alle Rechte vorbehalten.

TEST 49

Testdauer: 5 min

Einen begrenzten Wortschatz normgerecht schreiben: Wörter mit i oder ie

Wiederholung zur Schreibung des langen i-Lautes

1. Von je **100** deutschen Wörtern mit einem langen i-Laut werden **77** mit ie geschrieben. Das heißt: Das **ie** ist die **Normalschreibung.**
2. In **wenigen** Wörtern wird der lange i-Laut als **i** geschrieben: *Kino, Violine* …
3. Es gibt **keine Regel**, wann ein **ie** oder **i** geschrieben wird.

Setze **i** oder **ie** ein. Kontrolliere und setze für jede richtige Eintragung ein ✓.
Für jedes ✓ erhältst du einen Punkt.

	✓		✓
etwas repar___ren	☐	die Masch___ne	☐
eine Law___ne	☐	ein Eilbr___f	☐
ins K___no gehen	☐	zum Besp___l	☐
das Pap___r	☐	er g___bt	☐
die Lokomot___ve	☐	der T___ger	☐
v___lleicht kommen	☐	etwas r___chen	☐
der Sp___gel	☐	am D___nstag	☐
r___sengroß	☐	ein sch___fer Turm	☐
ein K___lo Brot	☐	das Eisen b___gen	☐
in Fr___den leben	☐	das L___derbuch	☐
spaz___ren gehen	☐	n___manden kennen	☐
die Tür schl___ßen	☐	Sch___ fahren	☐

Diese Kompetenz beherrsche ich					
Punkte	22 bis 24	20 und 21	18 und 19	15 bis 17	unter 15

Punkte von 24

© VERITAS-Verlag, Linz. DURCHSTARTEN TESTBUCH, DEUTSCH, 4. KLASSE GRUNDSCHULE. Alle Rechte vorbehalten.

Testdauer:
5 min

TEST 50

Einen begrenzten Wortschatz normgerecht schreiben: Wörter mit Doppelvokalen

Lies die Wörter und setze dann die fehlenden Buchstaben ein.
Kontrolliere und setze für jede richtige Eintragung ein ✓.
Für jedes ✓ erhältst du einen Punkt.

a, ah oder **aa**?

	✓		✓		✓
B___nhof	☐	Ehep___r	☐	Fests___l	☐
Seidensch___l	☐	H___rtracht	☐	Ausw___l	☐
qu___lvoll	☐	Z___narzt	☐	Küchenw___ge	☐

e, eh oder **ee**?

f___lerfrei	☐	T___löffel	☐	z___nfach	☐
F___derschachtel	☐	L___rling	☐	Blumenb___t	☐
Himb___re	☐	Glücksf___	☐	M___rheit	☐

o, oh oder **oo**?

bel___nen	☐	Braunk___le	☐	B___tshaus	☐
Z___handlung	☐	Enkels___n	☐	M___dehaus	☐
H___nigbrot	☐	W___nhaus	☐	M___spolster	☐

Diese Kompetenz beherrsche ich

Punkte	25 bis 27	22 bis 24	20 und 21	17 bis 19	unter 17

Punkte von 27

© VERITAS-Verlag, Linz. DURCHSTARTEN TESTBUCH, DEUTSCH, 4. KLASSE GRUNDSCHULE. Alle Rechte vorbehalten.

TEST 51

Einen begrenzten Wortschatz normgerecht schreiben: Wörter mit ai

Wiederholung zur Schreibung von Wörtern mit ei oder ai

1. Der Zwielaut wird im **Normalfall** als **ei** geschrieben. Nur in wenigen Wörtern wird ein **ai** geschrieben: *Mai*, *Hai*, *Saison*, *Rain*, *Laie*, *Kaiser* ...
2. Es gibt Wörter, die **gleich klingen**, aber unterschiedlich geschrieben werden: *Waise* – *Weise*. Hier kommt es auf die Wortbedeutung an: eine *Waise* = elternloses Kind, eine *Weise* = eine Melodie, eine kluge Frau.
3. Wörter mit **ai** musst du dir **merken.**

Testdauer: 2 min

Punkte von 8

1. Setze **ei** oder **ai** ein. Kontrolliere und setze für jede richtige Eintragung ein ✓. Für jedes ✓ erhältst du einen Punkt.

	✓		✓
einen M___baum aufstellen	☐	am Feldr___n sitzen	☐
eine R___fenpanne haben	☐	das R___sfeld abernten	☐
eine H___fischflosse	☐	im Schülerh___m wohnen	☐
eine S___sonkarte kaufen	☐	den K___serpalast fotografieren	☐

Testdauer: 3 min

Punkte von 8

2. Verbinde das Wort mit der Bedeutung. Kontrolliere und setze für jede richtige Verbindung ein ✓. Für jedes ✓ erhältst du einen Punkt.

		✓
die Saite ●	● ein elternloses Kind	☐
die Seite ●	● eine Melodie, kluge Frau ...	☐
die Weise ●	● Eier von Fischen, Fröschen ...	☐
die Waise ●	● Teil einer Gitarre, Geige ...	☐
der Leib ●	● verstorbener Mensch	☐
der Laib ●	● menschlicher Körper	☐
der Laich ●	● rund geformte Masse	☐
die Leiche ●	● Teil eines Buches, Heftes ...	☐

Diese Kompetenz beherrsche ich

	😄	🙂	😐	🙁	😖
Punkte	15 und 16	13 und 14	12	10 und 11	unter 10

Punkte aus beiden Tests von 16

© VERITAS-Verlag, Linz. DURCHSTARTEN TESTBUCH, DEUTSCH, 4. KLASSE GRUNDSCHULE. Alle Rechte vorbehalten.

Testdauer:
5 min

TEST 52

Einen begrenzten Wortschatz normgerecht schreiben: Wörter mit seltenen Mitlauten

Wiederholung zur Schreibung von seltenen Mitlauten

1. Der ks-Laut wird als **x** (*Nixe*), als **chs** (*Dachs*), als **ks** (*Koks*) oder als **cks** (*Knacks*) geschrieben.
2. Der k-Laut wird meist in Fremdwörtern als **C** (*Clown*) oder als **Ch** (*Charakter*) geschrieben.
3. Die Schreibung bleibt in verwandten Wörtern gleich.

In jeder Zeile stehen drei verwandte Wörter. Setze die fehlenden Buchstaben ein.
Kontrolliere und setze für jede richtige Eintragung ein ✓.
Für jedes ✓ erhältst du einen Punkt.

chs, **x**, **ks** oder **cks** ?

					✓
wa___en	→	Wa___tum	→	Gewä___	☐
Mi___er		Mi___getränk		mi___en	☐
we___eln		Verwe___lung		We___elgeld	☐
Fü___e		Fu___schwanz		Schlaufu___	☐
Bo___er		Bo___kampf		bo___en	☐
Kle___		kle___en		Tintenkle___	☐
Ta___i		Seeta___i		Ta___ifahrer	☐
Ke___		Ke___dose		Weihnachtske___e	☐

c / C oder **ch / Ch** ?

___or	→	Kirchen___or	→	___orleiter	☐
___amping		___ampen		___ampingplatz	☐
___omputer		Bord___omputer		___omputerspiel	☐

Diese Kompetenz beherrsche ich					
Punkte	10 und 11	9	8	7	unter 7

Punkte
von 11

© VERITAS-Verlag, Linz. DURCHSTARTEN TESTBUCH, DEUTSCH, 4. KLASSE GRUNDSCHULE. Alle Rechte vorbehalten.

TEST 53

Testdauer: 5 min

Einen begrenzten Wortschatz normgerecht schreiben: Wörter mit seltenen Doppelmitlauten

Wiederholung zur Schreibung von seltenen Doppelmitlauten

1. Nach kurzen Selbstlauten kommen in einigen Wörtern die Doppelmitlaute **bb**, **dd**, **gg**; **kk**, **zz** vor: *Ebbe*, *Paddel*, *joggen*, *Sakko*, *Blizzard* …
2. Wörter mit diesen Doppelmitlauten muss man sich merken.
3. Die Schreibungen bleiben in verwandten Wörtern erhalten.

In jeder Zeile stehen drei verwandte Wörter. Setze die fehlenden Buchstaben ein.
Kontrolliere und setze für jede richtige Eintragung ein ✓.
Für jedes ✓ erhältst du einen Punkt.

ck, **kk** oder **gg**?					✓
bli___en	→	Ausbli___	→	Bli___kontakt	☐
Sa___o		Sa___otasche		Sportsa___o	☐
jo___en		Jo___ingschuhe		Jo___inghose	☐
tz oder **zz**?					
Ski___e	→	ski___ieren	→	Planski___e	☐
wi___ig		Wi___figur		wi___los	☐
Pi___a		Pi___eria		Pi___ateig	☐
tro___en		Tro___kopf		tro___ig	☐
bb oder **dd**?					
Pa___el	→	Pa___elboot	→	pa___eln	☐
a___ieren		A___ition		a___iert	☐
ru___eln		Ru___ellos		geru___elt	☐

Diese Kompetenz beherrsche ich

Punkte	9 und 10	8	7	6	unter 6

Punkte von 10

© VERITAS-Verlag, Linz. DURCHSTARTEN TESTBUCH, DEUTSCH, 4. KLASSE GRUNDSCHULE. Alle Rechte vorbehalten.

Testdauer:
5 min

TEST 54

Sprachliche Verständigung klären: Merkmale von mündlicher und schriftlicher Sprache unterscheiden

Überlege und entscheide, ob die Aussage die mündliche oder schriftliche Sprache betrifft.
Schreibe M = mündlich oder S = schriftlich in den Kreis.
Kontrolliere und setze für jede richtige Eintragung ein ✓.
Für jedes ✓ erhältst du einen Punkt.

		✓
◯	In dieser Sprache überlegt man die Wortwahl und den Satzbau genau.	☐
◯	Für diese Sprache braucht man einen Partner oder eine Partnerin.	☐
◯	In dieser Sprache kann man keine Rechtschreibfehler machen.	☐
◯	Die Form dieser Sprache ist sichtbar.	☐
◯	Man erlernt diese Form der Sprache meist in der Schule.	☐
◯	Die Form dieser Sprache ist hörbar.	☐
◯	Diese Form der Sprache lernt man natürlich, also ohne Schule.	☐
◯	In dieser Sprache kann man Informationen lange aufbewahren.	☐
◯	Diese Sprache hat einen Rhythmus und eine Melodie.	☐
◯	In dieser Sprache formuliert man spontan, also ohne lange zu überlegen.	☐
◯	In dieser Sprache erzählt man in der Mitvergangenheit = im Präteritum.	☐
◯	In dieser Sprache gibt es keine Satzzeichen.	☐
◯	Für diese Sprache braucht man ein Medium (Papier, Computer ...).	☐
◯	Diese Form der Sprache beherrschen bereits Kleinkinder.	☐

Diese Kompetenz beherrsche ich

	😆	🙂	😐	🙁	😝
Punkte	13 und 14	12	10 und 11	9	unter 9

Punkte von 14

© VERITAS-Verlag, Linz. DURCHSTARTEN TESTBUCH, DEUTSCH, 4. KLASSE GRUNDSCHULE. Alle Rechte vorbehalten.

TEST 55

Sprachliche Verständigung klären: Formen der Regionalsprache (Mundart, Umgangssprache) mit der Standardsprache (Schriftsprache, Hochsprache) vergleichen und Unterschiede feststellen

Testdauer: 5 min

1. Übertrage die Mundartausdrücke in die Schriftsprache. Kontrolliere und setze für jede richtige Eintragung ein ✓. Für jedes ✓ erhältst du einen Punkt.

		✓
De Waldviertla gengan	Die Waldviertler gehen	✓
▶ zua Nochbarin umi	______________________	☐
▶ aufn Dochbodn aufi	______________________	☐
▶ in Kella abi	______________________	☐
▶ in Gartn außi	______________________	☐
▶ in d Kuchl eini	______________________	☐
▶ zum Altoa firi	______________________	☐

Punkte von 6

Testdauer: 3 min

2. Welche Aussage trifft für die Regionalsprache, welche für die Standardsprache zu? Schreibe R = Regionalsprache oder S = Standardsprache in den Kreis. Kontrolliere und setze für jede richtige Eintragung ein ✓. Für jedes ✓ erhältst du einen Punkt.

		✓
◯	In dieser Sprachform spricht man im Rundfunk, im Fernsehen, in Schulen …	☐
◯	In dieser Sprachform spricht man Wörter meist so aus, wie man sie schreibt.	☐
◯	In dieser Sprachform spricht man meist zu Hause und unter Freunden.	☐
◯	Diese Sprachform wird nicht in ganz Österreich oder Deutschland verstanden.	☐
◯	Diese Sprachform wird auch Mundart oder Umgangssprache genannt.	☐
◯	In dieser Sprachform sollst du deine Texte schreiben.	☐

Punkte von 6

Diese Kompetenz beherrsche ich					
	😆	🙂	😐	🙁	😝
Punkte	11 und 12	10	9	7 und 8	unter 7

Punkte aus beiden Tests von 12

© VERITAS-Verlag, Linz. DURCHSTARTEN TESTBUCH, DEUTSCH, 4. KLASSE GRUNDSCHULE. Alle Rechte vorbehalten.

Testdauer: 6 min

TEST 56

Sprachliche Verständigung klären: Gründe für Verstehens- und Verständigungsprobleme finden

Warum hat der Gesprächspartner Verstehensprobleme?
Ordne die Nummer der Situation den Begründungen ◯ zu.
Kontrolliere und setze für jede richtige Eintragung ein ✓.
Für jedes ✓ erhältst du einen Punkt.

Situation 1
Herr A: Können Sie mir bitte sagen, wie ich zur Berufsschule komme.
Herr B: Nix verstehen!

Situation 2
Arzt: Mein Herr, Sie leiden an einer Erythema solaris.
Herr: Wie bitte?

Situation 3
Erzähler: Ein Spaziergänger trifft einen Fischer, der gerade angelt, und fragt: „Beißen SIE?“ Der Angler antwortet: „Nur wenn mich jemand stört.“
Zuhörer: He, wo ist da der Witz!?

Situation 4
Autofahrer: Heast Gscherda, hau di über d Heisa!
Feiner Herr: Was wollen Sie von mir?

Situation 5
Mathematik-Professor: Der Sinus eines Winkels ist das Verhältnis der Länge der Gegenkathete zur Länge der Hypotenuse im rechtwinkeligen Dreieck.
Schüler: Ich verstehe Bahnhof.

Der Partner versteht sein Gegenüber nicht, weil ✓

- er den Dialekt nicht kennt. ◯ ☐
- er nicht Deutsch spricht. ◯ ☐
- das mathematische Wissen fehlt. ◯ ☐
- er die Pointe des Witzes nicht verstanden hat. ◯ ☐
- er die lateinische Bezeichnung einer Krankheit nicht kennt. ◯ ☐

Diese Kompetenz beherrsche ich					
	😄	🙂	😐	🙁	😝
Punkte	5	4	–	3	unter 3

Punkte von 5

© VERITAS-Verlag, Linz. DURCHSTARTEN TESTBUCH, DEUTSCH, 4. KLASSE GRUNDSCHULE. Alle Rechte vorbehalten.

TEST 57

Einsichten in die Wortbildung und Wortbedeutung: Den Wortstamm erkennen

1. Übermale den wichtigsten Baustein = Wortstamm rot.
   Kontrolliere und setze für jede richtige Markierung ein ✓.
   Für jedes ✓ erhältst du einen Punkt.

Testdauer: 4 min

	✓		✓		✓
un ver schließ bar	☐	ge fähr lich	☐	un be zahl bar	☐
Vor stell ung	☐	ver spiel t	☐	folg sam	☐
Vor schrift	☐	ent fall en	☐	wind ig	☐
aus ge höhl t	☐	aus leer en	☐	ver mehr en	☐
grund sätz lich	☐	neu gier ig	☐	ver läss lich	☐

Punkte von 15

2. Überprüfe jede Aussage, ob sie **r**ichtig oder **f**alsch ist.
   Kreuze den entsprechenden Kreis an ✗.
   Kontrolliere und setze für jede richtige Entscheidung ein ✓.
   Für jedes ✓ erhältst du einen Punkt.

Testdauer: 3 min

	r	f	✓
1. Wörter mit demselben Wortstamm bilden eine Tierfamilie.	○	○	☐
2. Wörter mit denselben Vorsilben bilden eine Wortfamilie.	○	○	☐
3. Wörter mit denselben Wortstämmen bilden eine Wortfamilie.	○	○	☐
4. Die Schreibung des Wortstammes bleibt in einer Wortfamilie gleich.	○	○	☐
5. Vorsilben werden immer gleich geschrieben.	○	○	☐
6. Wenn du an den Wortstamm denkst, vermeidest du Rechtschreibfehler.	○	○	☐

Punkte von 6

Diese Kompetenz beherrsche ich					
	😄	🙂	😐	🙁	😝
Punkte	20 und 21	17 bis 19	15 und 16	13 und 14	unter 13

Punkte aus beiden Tests von 21

© VERITAS-Verlag, Linz. DURCHSTARTEN TESTBUCH, DEUTSCH, 4. KLASSE GRUNDSCHULE. Alle Rechte vorbehalten.

TEST 58

Einsichten in die Wortbildung und Wortbedeutung: Wörter zusammensetzen

Testdauer: 5 min

1. Bilde aus beiden Wörtern ein zusammengesetztes Namenwort (NW). Schreibe das Wort mit dem Artikel auf. Achtung, du musst das erste Wort manchmal etwas verändern! Kontrolliere und setze für jedes richtig geschriebene Wort ein ✓.
Für jedes ✓ erhältst du einen Punkt.

				✓
schwimmen	+ Reifen	=	______________	☐
Sonne	+ Schein	=	______________	☐
Volk	+ Lied	=	______________	☐
weit	+ Sprung	=	______________	☐
wandern	+ Karte	=	______________	☐
tief	+ Schnee	=	______________	☐
Kind	+ Garten	=	______________	☐
Hund	+ Leine	=	______________	☐

Punkte von 8

Testdauer: 3 min

2. Überprüfe jede Aussage, ob sie **r**ichtig oder **f**alsch ist. Kreuze den entsprechenden Kreis an ✗. Kontrolliere und setze für jede richtige Entscheidung ein ✓.
Für jedes ✓ erhältst du einen Punkt.

	r	f	✓
1. Das zweite* Wort legt die Grundbedeutung der Zusammensetzung fest.	○	○	☐
2. Der Artikel der Zusammensetzung richtet sich nach dem ersten Wort.	○	○	☐
3. Das erste Wort bestimmt das zweite Wort näher.	○	○	☐
4. Ist das zweite Wort ein NW, schreibt man die Zusammensetzung groß.	○	○	☐
5. Der Artikel der Zusammensetzung richtet sich nach dem zweiten Wort.	○	○	☐
6. Mit Zusammensetzungen kann man Dinge genauer bezeichnen.	○	○	☐

* = letzte Wort

Punkte von 6

Diese Kompetenz beherrsche ich					
	😃	🙂	😐	🙁	😝
Punkte	13 und 14	12	10 und 11	9	unter 9

Punkte aus beiden Tests von 14

© VERITAS-Verlag, Linz. DURCHSTARTEN TESTBUCH, DEUTSCH, 4. KLASSE GRUNDSCHULE. Alle Rechte vorbehalten.

TEST 59

Einsichten in die Wortbildung und Wortbedeutung: Mit Wortbausteinen (Vorsilben, Nachsilben) die Wortbedeutung verändern

Testdauer: 4 min

1. Vor das Wort „ziehen“ kannst du viele Vorsilben setzen: ***an**ziehen*, ***auf**ziehen*, ***aus**ziehen*, ***be**ziehen*, ***bei**ziehen*, ***ein**ziehen*, ***er**ziehen*, ***fort**ziehen*, ***vor**ziehen*, ***zu**ziehen* …
   Ergänze die Zeitwörter mit den passenden Vorsilben.
   Kontrolliere und setze für jede richtige Eintragung ein ✓.
   Für jedes ✓ erhältst du einen Punkt.

	✓		✓
das neue Haus _____ziehen	☐	einen Rechtskundigen _____ziehen	☐
in die Fremde _____ziehen	☐	das Fahren dem Gehen _____ziehen	☐
sich am Morgen _____ziehen	☐	das unfolgsame Kind _____ziehen	☐
sich am Abend _____ziehen	☐	in die neue Wohnung _____ziehen	☐
die Vorhänge _____ziehen	☐	die Pendeluhr _____ziehen	☐

Punkte von 10

Testdauer: 4 min

2. Manche Wortstämme haben verschiedene Nachsilben. Diese Nachsilben verändern die Wortbedeutung. Schreibe die passenden Wörter in die Lücken.
   Kontrolliere und setze für jede richtige Eintragung ein ✓.
   Für jedes ✓ erhältst du einen Punkt.

einjährig – jährlich

	✓		✓
eine ______________ Pflanze	☐	die ______________ Geburtstagsfeier	☐

heimlich – heimisch

eine ______________ Obstsorte	☐	ein ______________ Treffen	☐

wohnhaft – wohnlich

in Wels ______________ sein	☐	ein ______________ Klassenzimmer	☐

zeitlos – zeitig

__________ in der Früh aufstehen	☐	ein ______________ Kleid tragen	☐

Punkte von 8

Diese Kompetenz beherrsche ich					

Punkte	17 und 18	15 und 16	13 und 14	11 und 12	unter 12

Punkte aus beiden Tests von 18

© VERITAS-Verlag, Linz. DURCHSTARTEN TESTBUCH, DEUTSCH, 4. KLASSE GRUNDSCHULE. Alle Rechte vorbehalten.

TEST 60

Einsichten in die Wortbildung und Wortbedeutung: Bedeutungsunterschiede sinnverwandter Wörter erklären

Testdauer: 3 min

1. Sinnverwandte Wörter – also Wörter mit ähnlicher Bedeutung – bilden ein Wortfeld *(flüstern, klagen, erzählen …)*. Verbinde. Kontrolliere und setze für jede richtige Verbindung ein ✓. Für jedes ✓ erhältst du einen Punkt.

		✓
ein unbekanntes Märchen ●	● flüstern	☐
vor Wut ●	● klagen	☐
jemandem etwas ins Ohr ●	● erzählen	☐
ein Gedicht ●	● aufsagen	☐
bei Kuchen und Kaffee ●	● brüllen	☐
über das schlechte Wetter ●	● antworten	☐
auf eine Frage ●	● berichten	☐
vor Aufregung ●	● unterhalten	☐
sich über den Film ●	● stottern	☐
über den Unfall ●	● plaudern	☐

Punkte von 10

Testdauer: 3 min

2. Überprüfe jede Aussage, ob sie **r**ichtig oder **f**alsch ist.
Kreuze den entsprechenden Kreis an ✗.
Kontrolliere und setze für jede richtige Entscheidung ein ✓.
Für jedes ✓ erhältst du einen Punkt.

	r	f	✓
1. Wörter mit ähnlicher Bedeutung bilden eine Wortfamilie.	○	○	☐
2. Wörter mit ähnlicher Bedeutung bilden ein Wortfeld.	○	○	☐
3. Wörter mit dem gleichen Wortstamm bilden eine Wortfamilie.	○	○	☐
4. Die Zeitwörter aus Aufgabe 1 stammen aus dem Wortfeld „sehen".	○	○	☐
5. Die Verwendung von verschiedenen Wörtern aus einem Wortfeld führt zur Vermeidung von Wiederholungen in einem Text.	○	○	☐
6. Wörter eines Wortfeldes kannst du in Texten beliebig austauschen.	○	○	☐

Punkte von 6

Diese Kompetenz beherrsche ich

	😄	🙂	😐	🙁	😝
Punkte	15 und 16	13 und 14	12	10 und 11	unter 10

Punkte aus beiden Tests von 16

© VERITAS-Verlag, Linz. DURCHSTARTEN TESTBUCH, DEUTSCH, 4. KLASSE GRUNDSCHULE. Alle Rechte vorbehalten.

TEST 61

Einsichten in die Wortbildung und Wortbedeutung: Kreative Sprachmittel zur Erzeugung von Unsinnwörtern (Nonsens-Wörtern) nutzen

1. Mit Sprache kann man spielen, zum Beispiel Silben vertauschen.
   Wie heißen die Kinder? Schreibe die Namen auf.
   Kontrolliere und setze für jeden richtig geschriebenen Namen ein ✓.
   Für jedes ✓ erhältst du einen Punkt.

Testdauer: 5 min

	✓		✓
GITMAR – ______	☐	MARDIET – ______	☐
LIXFE – ______	☐	TERGÜN – ______	☐
NATI – ______	☐	GAHEL – ______	☐
TAHER – ______	☐	VERXA – ______	☐
GORGRE – ______	☐	RAVE – ______	☐

Punkte von 10

2. Vertausche bei den folgenden Wörtern die Silben.
   Schreibe das Wort in Blockschrift auf.
   Kontrolliere und setze für jedes richtig umgestellte Wort ein ✓.
   Für jedes ✓ erhältst du einen Punkt.

Testdauer: 5 min

	✓		✓
KIRSCHE – ______	☑	APFEL – ______	☑
BIRNE – ______	☑	KIWI – ______	☑
WEICHSEL – ______	☑	BOHNEN – ______	☑
RÜBEN – ______	☑	KÜRBIS – ______	☑
SPINAT – ______	☑	SALAT – ______	☑

Punkte von 10

Diese Kompetenz beherrsche ich					
Punkte	19 und 20	17 und 18	15 und 16	13 und 14	unter 13

20

Punkte aus beiden Tests von 20

© VERITAS-Verlag, Linz. DURCHSTARTEN TESTBUCH, DEUTSCH, 4. KLASSE GRUNDSCHULE. Alle Rechte vorbehalten.

TEST 62

Gemeinsamkeiten und Unterschiede von Sprachen feststellen: Fremdwörter erkennen

Testdauer: 4 min

1. Unterstreiche in den Werbesprüchen jene Wörter, die Menschen vor 50 Jahren noch nicht verstanden hätten. Kontrolliere und setze für jedes richtig unterstrichene Wort ein ✓. Für jedes ✓ erhältst du einen Punkt.

	✓
Der beste Controller für schnelle Spiele!	☐
Nur ein Modem verschafft die Verbindung zur Welt!	☐
Erweitern Sie Ihre Hardware!	☐
Die neueste Software ist eingetroffen!	☐
Unsere Scanner bringen Bilder in den Text!	☐
Noch schneller mit dem neuen Chip!	☐
Schluss mit den Disketten!	☐
Kommen Sie in unseren neuen Computershop!	☐

Punkte von 8

Testdauer: 3 min

2. Überprüfe jede Aussage, ob sie **r**ichtig oder **f**alsch ist. Kreuze den entsprechenden Kreis an ✗. Kontrolliere und setze für jede richtige Entscheidung ein ✓. Für jedes ✓ erhältst du einen Punkt.

	r	f	✓
1. Diese Fremdwörter stammen aus dem Englischen.	○	○	☐
2. Diese Fremdwörter spricht man so aus, wie man sie schreibt.	○	○	☐
3. Mit Software bezeichnet man Filme, Computerprogramme usw.	○	○	☐
4. Hardware bedeutet wörtlich „harte Ware“.	○	○	☐
5. Disk bedeutet Scheibe und steckt in *Diskette*.	○	○	☐
6. Es gibt überhaupt nur Fremdwörter aus dem Englischen.	○	○	☐

Punkte von 6

Diese Kompetenz beherrsche ich

	😄	🙂	😐	🙁	😝
Punkte	13 und 14	12	10 und 11	9	unter 9

Punkte aus beiden Tests von 14

© VERITAS-Verlag, Linz. DURCHSTARTEN TESTBUCH, DEUTSCH, 4. KLASSE GRUNDSCHULE. Alle Rechte vorbehalten.

TEST 63

Gemeinsamkeiten und Unterschiede von Sprachen feststellen: Elemente der eigenen Sprache mit anderen Sprachen vergleichen

1. Unter jeder Abbildung findest du den Tiernamen in vier Sprachen: **D**eutsch, **E**nglisch, **F**ranzösisch und **T**ürkisch. Schreibe **D**, **E**, **F**, **T** in den Kreis. Kontrolliere und setze für jede richtige Entscheidung ein ✓. Für jedes ✓ erhältst du einen Punkt.

	✓		✓		✓
◯ the cat	☐	◯ kanguru	☐	◯ the cow	☐
◯ le chat	☐	◯ das Känguru	☐	◯ la vache	☐
◯ kedi	☐	◯ le kangourou	☐	◯ die Kuh	☐
◯ die Katze	☐	◯ the kangoroo	☐	◯ inek	☐

Testdauer: 3 min

Punkte von 12

2. Vergleiche die Wörter und überlege, für welche Sprache die Aussagen zutreffen. Schreibe **D**, **E**, **F**, **T** in den Kreis. Kontrolliere und setze für jede richtige Entscheidung ein ✓. Für jedes ✓ erhältst du einen Punkt.

	✓
◯ In dieser Sprache hat das Namenwort keinen Artikel.	☐
◯ In dieser Sprache wird das Namenwort großgeschrieben.	☐
◯ In dieser Sprache bleibt der Artikel immer gleich.	☐
◯ In dieser Sprache gibt es zwei verschiedene Artikel.	☐
◯ In dieser Sprache gibt es drei verschiedene Artikel.	☐

Testdauer: 3 min

Punkte von 5

Diese Kompetenz beherrsche ich					

Punkte	16 und 17	14 und 15	12 und 13	10 und 11	unter 10

Punkte aus beiden Tests von 17

© VERITAS-Verlag, Linz. DURCHSTARTEN TESTBUCH, DEUTSCH, 4. KLASSE GRUNDSCHULE. Alle Rechte vorbehalten.

TEST 64

Einsichten in die Funktion von Wort und Satz: Wortarten erkennen und benennen

Testdauer: 3 min

1. Bestimme das unterstrichene Wort. Kreuze an ✗:
   NW = Namenwort, ZW = Zeitwort, EW = Eigenschaftswort, FW = Fürwort.
   Kontrolliere und setze für jede richtige Entscheidung ein ✓.
   Für jedes ✓ erhältst du einen Punkt.

	NW	ZW	EW	FW	✓
1. ICH BIN ZU EINEM <u>FEST</u> EINGELADEN.					
2. KOMMST <u>DU</u> AUCH ZUR FEIER?					
3. WANN <u>BEGINNT</u> DAS FEST?					
4. ICH BRINGE EIN <u>NETTES</u> GESCHENK MIT.					
5. ICH HABE <u>ES</u> SCHÖN VERPACKT.					
6. DA WIRD FELIX <u>AUGEN</u> MACHEN.					
7. ER WIRD SICH SICHER <u>FREUEN</u>.					
8. ES IST DAS <u>NEUESTE</u> COMPUTERSPIEL.					

Punkte von 8

Testdauer: 3 min

2. Für welche Wortarten treffen die Aussagen zu? Schreibe NW, ZW, EW in den Kreis.
   Kontrolliere und setze für jede richtige Entscheidung ein ✓.
   Für jedes ✓ erhältst du einen Punkt.

	Aussage	✓
◯	Vor dieses Wort kannst du die Artikel *der, die, das* setzen.	
◯	Dieses Wort kannst du mit *ich, du, er* … verbinden.	
◯	Von diesem Wort kannst du Vergleichsformen bilden.	
◯	Dieses Wort wird großgeschrieben.	
◯	Dieses Wort drückt die Zeit (Vergangenes, Gegenwärtiges, Zukünftiges) aus.	
◯	Dieses Wort steht oft zwischen dem Artikel und dem Namenwort.	

Punkte von 6

Punkte aus beiden Tests von 14

Diese Kompetenz beherrsche ich

	😃	🙂	😐	☹️	😝
Punkte	13 und 14	12	10 und 11	9	unter 9

© VERITAS-Verlag, Linz. DURCHSTARTEN TESTBUCH, DEUTSCH, 4. KLASSE GRUNDSCHULE. Alle Rechte vorbehalten.

TEST 65

Einsichten in die Funktion von Wort und Satz: Artikelzuordnung beim Namenwort vornehmen

1. Der Artikel *der, die, das* bestimmt das grammatische Geschlecht eines Namenwortes: der = männlich, die = weiblich, das = sächlich. Schreibe vor die folgenden Namenwörter den richtigen Artikel. Kontrolliere und setze für jeden richtigen Artikel ein ✓. Für jedes ✓ erhältst du einen Punkt.

Testdauer: 5 min

					✓
_____ Bild	→	_____ Bildschirm	→	_____ Bildschirmschoner	☐☐☐
_____ Eis	→	_____ Eishöhle	→	_____ Eishöhlenforscher	☐☐☐
_____ Wasser	→	_____ Wasserleitung	→	_____ Wasserleitungsschaden	☐☐☐
_____ Auto	→	_____ Autobahn	→	_____ Autobahnmaut	☐☐☐
_____ Hand	→	_____ Handtuch	→	_____ Handtuchtrockner	☐☐☐
_____ Blei	→	_____ Bleistift	→	_____ Bleistiftspitzer	☐☐☐
_____ Feuer	→	_____ Feuerwehr	→	_____ Feuerwehrhaus	☐☐☐

Punkte von 21

2. Überprüfe jede Aussage, ob sie **r**ichtig oder **f**alsch ist. Kreuze den entsprechenden Kreis an ✗. Kontrolliere und setze für jede richtige Entscheidung ein ✓. Für jedes ✓ erhältst du einen Punkt.

Testdauer: 3 min

	r	f	✓
1. Alle Namenwörter, die Sachen/Dinge bezeichnen, haben den Artikel *das*.	○	○	☐
2. Bei zusammengesetzten Namenwörtern bestimmt das letzte Wort den Artikel.	○	○	☐
3. Der Artikel entscheidet über das grammatische Geschlecht des Namenwortes.	○	○	☐
4. Bei zusammengesetzten Namenwörtern bestimmt das erste Wort den Artikel.	○	○	☐
5. Der Artikel *die* steht für das weibliche Geschlecht eines Namenwortes.	○	○	☐
6. Der Artikel *das* steht für das männliche Geschlecht eines Namenwortes.	○	○	☐

Punkte von 6

Diese Kompetenz beherrsche ich					
	😃	🙂	😐	🙁	😝
Punkte	25 bis 27	22 bis 24	20 und 21	17 bis 19	unter 17

Punkte aus beiden Tests von 27

© VERITAS-Verlag, Linz. DURCHSTARTEN TESTBUCH, DEUTSCH, 4. KLASSE GRUNDSCHULE. Alle Rechte vorbehalten.

TEST 66

Einsichten in die Funktion von Wort und Satz: Einzahl und Mehrzahl von Namenwörtern

Testdauer: 6 min

1. Schreibe die Mehrzahlform (MZ) folgender Namenwörter daneben.
   Im Zweifelsfall kannst du ein Wörterbuch verwenden. Kontrolliere und setze für jede richtige Mehrzahlform ein ✓. Für jedes ✓ erhältst du einen Punkt.

		✓			✓
die Uhr	= ______________	☐	der Kopf	= ______________	☐
der Löffel	= ______________	☐	das Foto	= ______________	☐
der Turm	= ______________	☐	der Wurm	= ______________	☐
das Buch	= ______________	☐	die Maus	= ______________	☐
der Mantel	= ______________	☐	der Bruder	= ______________	☐
der Fisch	= ______________	☐	die Farbe	= ______________	☐
der Ball	= ______________	☐	die Gabel	= ______________	☐
das Gras	= ______________	☐	das Rind	= ______________	☐

Punkte von 16

Testdauer: 3 min

2. Überprüfe jede Aussage, ob sie **r**ichtig oder **f**alsch ist. Kreuze den entsprechenden Kreis an ✗. Kontrolliere und setze für jede richtige Entscheidung ein ✓. Für jedes ✓ erhältst du einen Punkt.

	r	f	✓
1. Die MZ kann im Deutschen auf unterschiedliche Weise gebildet werden.	◯	◯	☐
2. Menschen mit deutscher Muttersprache erwerben die meisten Mehrzahlformen beinahe automatisch.	◯	◯	☐
3. Menschen mit anderen Muttersprachen haben mit den unterschiedlichen Mehrzahlformen Probleme.	◯	◯	☐
4. Im Englischen ist die Mehrzahlbildung ähnlich kompliziert wie im Deutschen.	◯	◯	☐
5. Aus einem a, o, u in der Einzahl wird oft ein ä, ö, ü in der Mehrzahl.	◯	◯	☐
6. Nur weibliche Namenwörter auf -el nehmen in der Mehrzahl ein n an.	◯	◯	☐

Punkte von 6

Diese Kompetenz beherrsche ich

	😄	🙂	😐	🙁	😝
Punkte	20 bis 22	18 und 19	16 und 17	14 und 16	unter 14

Punkte aus beiden Tests von 22

© VERITAS-Verlag, Linz. DURCHSTARTEN TESTBUCH, DEUTSCH, 4. KLASSE GRUNDSCHULE. Alle Rechte vorbehalten.

TEST 67

Einsichten in die Funktion von Wort und Satz: Fälle des Namenwortes in der Einzahl

Testdauer: 5 min

1. Bestimme den Fall des unterstrichenen Namenwortes. Kreuze in der Tabelle den Fall an ✗. Kontrolliere und setze für jede richtige Entscheidung ein ✓. Für jedes ✓ erhältst du einen Punkt.

	1. Fall	2. Fall	3. Fall	4. Fall	✓
Der Onkel will die Zeitung lesen.	◯	◯	◯	◯	☐
Er findet aber die Brille nicht.	◯	◯	◯	◯	☐
Die Tante borgt dem Onkel ihre Brille.	◯	◯	◯	◯	☐
Die Brille des Onkels ist aber stärker	◯	◯	◯	◯	☐
als die Brille der Tante.	◯	◯	◯	◯	☐
Das Enkelkind findet die Brille des Onkels.	◯	◯	◯	◯	☐
Der Onkel dankt dem Enkelkind und	◯	◯	◯	◯	☐
gibt der Tante die Brille zurück.	◯	◯	◯	◯	☐
Jetzt kann der Onkel die Zeitung lesen.	◯	◯	◯	◯	☐
Alle loben das Enkelkind.	◯	◯	◯	◯	☐

Punkte von 10

Testdauer: 3 min

2. Überprüfe jede Aussage, ob sie **r**ichtig oder **f**alsch ist. Kreuze den entsprechenden Kreis an ✗. Kontrolliere und setze für jede richtige Entscheidung ein ✓. Für jedes ✓ erhältst du einen Punkt.

	r	f	✓
1. Im Deutschen gibt es fünf Fälle.	◯	◯	☐
2. Beim männlichen Namenwort ändert sich in allen vier Fällen der Artikel.	◯	◯	☐
3. Beim weiblichen Namenwort ist der Artikel im 2. und 3. Fall gleich.	◯	◯	☐
4. Beim sächlichen Namenwort ist der Artikel im 1. und 4. Fall gleich.	◯	◯	☐
5. Mit WEM? fragt man nach dem 4. Fall.	◯	◯	☐
6. Mit WESSEN? fragt man nach dem 2. Fall.	◯	◯	☐

Punkte von 6

Diese Kompetenz beherrsche ich

Punkte	15 und 16	13 und 14	12	10 und 11	unter 10

Punkte aus beiden Tests von 16

TEST 68

Einsichten in die Funktion von Wort und Satz: Personalformen des Zeitwortes in der Gegenwart

Testdauer: 4 min

Punkte von 14

1. Bestimme die Person und die Zahl des unterstrichenen Zeitwortes. Kreuze den entsprechenden Kreis an ✗. Kontrolliere und setze für jede richtige Entscheidung ein ✓. Für jedes ✓ erhältst du einen Punkt.

	1. P	2. P	3. P	EZ	MZ	✓
Sie <u>schreibt</u> gerne Tiergeschichten.	○	○	○	○	○	☐ ☐
Ich <u>schreibe</u> lieber Bildgeschichten.	○	○	○	○	○	☐ ☐
<u>Schreibst</u> du auch gerne?	○	○	○	○	○	☐ ☐
Wir <u>kennen</u> viele Bücher.	○	○	○	○	○	☐ ☐
<u>Kennt</u> ihr Harry Potter?	○	○	○	○	○	☐ ☐
Millionen Menschen <u>kennen</u> Harry Potter.	○	○	○	○	○	☐ ☐
Das Buch <u>fesselt</u> vor allem jüngere Leser.	○	○	○	○	○	☐ ☐

Testdauer: 3 min

Punkte von 6

2. Überprüfe jede Aussage, ob sie **r**ichtig oder **f**alsch ist. Kreuze den entsprechenden Kreis an ✗. Kontrolliere und setze für jede richtige Entscheidung ein ✓. Für jedes ✓ erhältst du einen Punkt.

	r	f	✓
1. In einer Personalform wird an den Wortstamm eine Endung angehängt.	○	○	☐
2. Die Endungen sind in allen Personen gleich.	○	○	☐
3. Die 1. Person ist die „sprechende Person“.	○	○	☐
4. In der 1. Person Einzahl wird an den Wortstamm ein e angehängt.	○	○	☐
5. In der 3. Person Einzahl wird an den Wortstamm ein t angehängt.	○	○	☐
6. Im Englischen wird nur in der 3. Person Einzahl ein s angehängt.	○	○	☐

Punkte aus beiden Tests von 20

Diese Kompetenz beherrsche ich					
	😆	🙂	😐	🙁	😝
Punkte	19 und 20	17 und 18	15 und 16	13 und 14	unter 13

© VERITAS-Verlag, Linz. DURCHSTARTEN TESTBUCH, DEUTSCH, 4. KLASSE GRUNDSCHULE. Alle Rechte vorbehalten.

TEST 69

Einsichten in die Funktion von Wort und Satz: Zeitformen des Zeitwortes

Testdauer: 6 min

1. Bilde von den folgenden Zeitwörtern die Zeitformen.
   Kontrolliere und setze für jede richtige Zeitform ein ✓.
   Für jedes ✓ erhältst du einen Punkt.

Gegenwart	Mitvergangenheit = Präteritum		Vergangenheit	
er schaut	er schaute	✓	er hat geschaut	✓
ich turne	______	☐	______	☐
sie singt	______	☐	______	☐
wir gehen	______	☐	______	☐
sie reden	______	☐	______	☐
ich sitze	______	☐	______	☐
wir lesen	______	☐	______	☐

Punkte von 12

Testdauer: 3 min

2. Überprüfe jede Aussage, ob sie **r**ichtig oder **f**alsch ist.
   Kreuze den entsprechenden Kreis an ✗.
   Kontrolliere und setze für jede richtige Entscheidung ein ✓.
   Für jedes ✓ erhältst du einen Punkt.

	r	f	✓
1. Mit der Mitvergangenheit und Vergangenheit erzählt man Vergangenes.	○	○	☐
2. Die Vergangenheit besteht aus zwei Teilen.	○	○	☐
3. Beim Zeitwort „turnen" ändert sich in der Mitvergangenheit der Wortstamm.	○	○	☐
4. Beim Zeitwort „lesen" ändert sich in der Mitvergangenheit der Wortstamm.	○	○	☐
5. In der Vergangenheit erzählt man meistens Erlebtes unter Freunden.	○	○	☐
6. In der Mitvergangenheit erzählt man Erlebtes in schriftlicher Form.	○	○	☐

Punkte von 6

Diese Kompetenz beherrsche ich

Punkte	17 und 18	15 und 16	13 und 14	11 und 12	unter 11

Punkte aus beiden Tests von 18

© VERITAS-Verlag, Linz. DURCHSTARTEN TESTBUCH, DEUTSCH, 4. KLASSE GRUNDSCHULE. Alle Rechte vorbehalten.

TEST 70

Einsichten in die Funktion von Wort und Satz: Vergleichsformen des Eigenschaftswortes

Testdauer: 3 min

1. Bilde die Mehrstufe und Meiststufe der folgenden Eigenschaftswörter.
   Kontrolliere und setze für jede richtige Vergleichsform ein ✓.
   Für jedes ✓ erhältst du einen Punkt.

Grundstufe	Mehrstufe	Meiststufe = Höchststufe	✓
dick	dicker	am dicksten	✓
schwer	________	________	☐☐
hell	________	________	☐☐
lustig	________	________	☐☐
nett	________	________	☐☐

Punkte von 8

Testdauer: 3 min

2. Setze die Wörter *als* und *wie* richtig ein.
   Kontrolliere und setze für jede richtige Eintragung ein ✓.
   Für jedes ✓ erhältst du einen Punkt.

Der Kater ✓

Er ist kleiner ______ ein Elefant, aber größer ______ eine Maus. ☐☐

Sein Fell ist weich ______ Samt, aber seine Krallen sind spitz ______ Nadeln. ☐☐

Er hört schlechter ______ ein Hund, sieht aber besser ______ er. ☐☐

Er schnurrt ______ eine Katze, schmeichelt ______ eine Katze, ☐☐

ist aber keine Katze.

Punkte von 8

Punkte aus beiden Tests von 16

Diese Kompetenz beherrsche ich

Punkte	15 und 16	13 und 14	12	10 und 11	unter 10

© VERITAS-Verlag, Linz. DURCHSTARTEN TESTBUCH, DEUTSCH, 4. KLASSE GRUNDSCHULE. Alle Rechte vorbehalten.

TEST 71

Einsichten in die Funktion von Wort und Satz: Satzarten erkennen

1. Lies die Sätze laut. Überlege, welche Satzart vorliegt, und kreuze den entsprechenden Kreis an ✗: **A** = Aussagesatz, **F** = Fragesatz, **B** = Befehlssatz / Aufforderungssatz.
   Setze das entsprechende Satzschlusszeichen.
   Kontrolliere und setze für jede richtige Eintragung ein ✓.
   Für jedes ✓ erhältst du einen Punkt.

Testdauer: 5 min

	A	F	B	✓
1. Spinnen sind nützliche Tiere ( )	◯	◯	◯	☐ ☐
2. Wer behauptet das ( )	◯	◯	◯	☐ ☐
3. Schau doch im Internet nach ( )	◯	◯	◯	☐ ☐
4. Sei doch endlich einmal zufrieden ( )	◯	◯	◯	☐ ☐
5. Soll ich die Tafel löschen ( )	◯	◯	◯	☐ ☐
6. Ich gebe dir das Buch morgen zurück ( )	◯	◯	◯	☐ ☐
7. Wann beginnen heuer die Ferien ( )	◯	◯	◯	☐ ☐
8. Vergiss den Einkaufszettel nicht ( )	◯	◯	◯	☐ ☐
9. Geht ihr gerne ins Kino ( )	◯	◯	◯	☐ ☐
10. Ringelnattern sind nicht giftig ( )	◯	◯	◯	☐ ☐

Punkte von 20

2. Überprüfe jede Aussage, ob sie **r**ichtig oder **f**alsch ist. Kreuze an ✗.
   Kontrolliere und setze für jede richtige Eintragung ein ✓.
   Für jedes ✓ erhältst du einen Punkt.

Testdauer: 3 min

	r	f	✓
1. Ein Befehlssatz wird auch Aufforderungssatz genannt.	◯	◯	☐
2. Ein Fragesatz wird mit einem Punkt abgeschlossen.	◯	◯	☐
3. Ein Befehlssatz beginnt meist mit dem Zeitwort.	◯	◯	☐
4. Die Satzarten erkennt man auch an der Sprachmelodie.	◯	◯	☐
5. Ein Fragesatz wird immer mit einem Fragewort eingeleitet.	◯	◯	☐

Punkte von 5

Diese Kompetenz beherrsche ich

	😆	🙂	😐	🙁	😝
Punkte	23 bis 25	20 bis 22	17 bis 19	14 bis 16	unter 14

Punkte aus beiden Tests von 25

© VERITAS-Verlag, Linz. DURCHSTARTEN TESTBUCH, DEUTSCH, 4. KLASSE GRUNDSCHULE. Alle Rechte vorbehalten.

TEST 72

Einsichten in die Funktion von Wort und Satz: Satzglieder erkennen

Testdauer: 6 min

1. Rahme die verschiedenen Satzglieder ein.
   Kontrolliere und setze für jedes richtig markierte Satzglied ein ✓.
   Für jedes ✓ erhältst du einen Punkt.

✓

1. In der Vorwoche ging die Klasse in den Zirkus.
2. Die Tänzerin balancierte über ein Seil.
3. Ein Clown machte lustige Späße.
4. Von der Zirkusspitze sprang ein Akrobat in ein volles Fass.
5. Das Publikum erstarrte vor Schreck.
6. Im Zirkuszelt herrschte Totenstille.
7. Eine Musikkapelle spielte im Anschluss einen flotten Marsch.
8. In der Pause redeten die Leute über die tollen Kunststücke.
9. Nach der Pause kamen die Löwen in die Arena.
10. Alle bewunderten den Mut der Dompteurin.

Punkte von 35

Testdauer: 3 min

2. Überprüfe jede Aussage, ob sie **r**ichtig oder **f**alsch ist. Kreuze an ✗.
   Kontrolliere und setze für jede richtige Eintragung ein ✓.
   Für jedes ✓ erhältst du einen Punkt.

r f ✓

1. Jedes einzelne Wort ist ein Satzglied.
2. Satzglieder können aus einem Wort oder aus mehreren Wörtern bestehen.
3. Satzglieder kann man innerhalb des Satzes umstellen.
4. Ein Satz kann aus verschieden vielen Satzgliedern bestehen.
5. Nach jedem Satzglied setzt man einen Beistrich.
6. Ein Satzglied – die Satzaussage – steht immer an 2. Stelle.

Punkte von 6

Diese Kompetenz beherrsche ich

	😃	🙂	😐	🙁	😝
Punkte	38 bis 41	34 bis 37	30 bis 33	26 bis 29	unter 26

Punkte aus beiden Tests von 41

© VERITAS-Verlag, Linz. DURCHSTARTEN TESTBUCH, DEUTSCH, 4. KLASSE GRUNDSCHULE. Alle Rechte vorbehalten.

TEST 73

Einsichten in die Funktion von Wort und Satz: Satzglieder benennen – Satzgegenstand = Subjekt

Testdauer: 6 min

1. Übermale in jedem Satz den Satzgegenstand = das Subjekt.
   Kontrolliere und setze für jeden richtig markierten Satzgegenstand ein ✓.
   Für jedes ✓ erhältst du einen Punkt.

	✓
1. Für den Schulschluss plant die vierte Klasse ein Schulfest.	☐
2. Unter anderem wird ein Theaterstück aufgeführt.	☐
3. In diesem Stück sollen alle Kinder der 4 a eine Rolle erhalten.	☐
4. Einige Freiwillige übernehmen die Herstellung der Kulissen.	☐
5. Für die Kostüme und Requisiten sorgen die Eltern.	☐
6. Peter und Pia übernehmen die Hauptrollen.	☐
7. Die beiden haben wirklich ein Talent für die Bühne.	☐
8. An Nachmittagen studiert die Lehrerin mit den Kindern das Stück ein.	☐
9. Rechtzeitig werden Eltern und Verwandte zum Fest eingeladen.	☐
10. Die Einladungen hat Stefan Berger entworfen.	☐

Punkte von 10

Testdauer: 3 min

2. Überprüfe jede Aussage, ob sie **r**ichtig oder **f**alsch ist. Kreuze an ✗.
   Kontrolliere und setze für jede richtige Entscheidung ein ✓.
   Für jedes ✓ erhältst du einen Punkt.

	r	f	✓
1. Der Satzgegenstand ist ein wichtiges Satzglied.	○	○	☐
2. Der Satzgegenstand wird auch Subjekt genannt.	○	○	☐
3. Der Satzgegenstand sagt aus, wo etwas geschieht.	○	○	☐
4. Der Satzgegenstand besteht immer aus einem Namenwort.	○	○	☐
5. Nach dem Satzgegenstand fragt man mit „Wer? oder Was?“.	○	○	☐
6. Der Satzgegenstand steht immer am Anfang des Satzes.	○	○	☐

Punkte von 6

Punkte aus beiden Tests von 16

Diese Kompetenz beherrsche ich

Punkte	15 und 16	13 und 14	12	10 und 11	unter 10

© VERITAS-Verlag, Linz. DURCHSTARTEN TESTBUCH, DEUTSCH, 4. KLASSE GRUNDSCHULE. Alle Rechte vorbehalten.

TEST 74

Einsichten in die Funktion von Wort und Satz: Satzglieder benennen – Satzaussage = Prädikat

Testdauer: 5 min

1. Übermale in jedem Satz die Satzaussage = das Prädikat.
   Vorsicht, die Satzaussage kann auch aus mehreren Wörtern bestehen!
   Kontrolliere und setze für jede richtig markierte Satzaussage ein ✓.
   Für jedes ✓ erhältst du einen Punkt.

	✓
1. Beim Schulfest bereitet die Klasse 4 b ein internationales Essen zu.	☐
2. Alle Kinder der Klasse machen mit.	☐
3. Eine Gruppe um Carlo möchte Pizza backen.	☐
4. Carlo kennt das beste Pizza-Rezept.	☐
5. Einige Mädchen wollen Spaghetti kochen.	☐
6. Azim wird Döner grillen.	☐
7. Er isst am liebsten scharf gewürzte Speisen.	☐
8. Alexis kennt Tsatsiki aus dem Urlaub in Griechenland.	☐
9. Ihre Mutter gibt ihr das Rezept.	☐
10. Wer wird das alles essen?	☐

Punkte von 10

Testdauer: 5 min

2. Überprüfe jede Aussage, ob sie **r**ichtig oder **f**alsch ist. Kreuze an ✗.
   Kontrolliere und setze für jede richtige Entscheidung ein ✓.
   Für jedes ✓ erhältst du einen Punkt.

	r	f	✓
1. Die Satzaussage sagt aus, welche Tätigkeit ausgeführt wird.	◯	◯	☐
2. Mit der Frage „Was tut jemand?“ findest du die Satzaussage.	◯	◯	☐
3. Die Satzaussage wird auch Präteritum genannt.	◯	◯	☐
4. Die Satzaussage (bei mehrteiligen der 1. Teil) ist in einem Aussagesatz immer das 2. Satzglied.	◯	◯	☐
5. Die Satzaussage ist das wichtigste Satzglied.	◯	◯	☐

Punkte von 5

Punkte aus beiden Tests von 15

Diese Kompetenz beherrsche ich

Punkte	14 und 15	12 und 13	10 und 11	9	unter 9

© VERITAS-Verlag, Linz. DURCHSTARTEN TESTBUCH, DEUTSCH, 4. KLASSE GRUNDSCHULE. Alle Rechte vorbehalten.

TEST 75

Testdauer: 10 min

Schreibanlässe nutzen und Texte planen: Einen Aushang planen

Situation: Eines Abends kam unser Kater Murr nicht mehr zurück. Am nächsten Tag wieder keine Spur von unserem Liebling. Auch meine Eltern wurden nervös. Am dritten Tag dasselbe. Murr tauchte wieder nicht auf. Ich war traurig. Meine Mutter meinte: „Wir müssen etwas unternehmen, wir machen einen Aushang."

Überlege und kreuze den entsprechenden Kreis an ✗. In jeder Zeile stimmt eine Aussage.
Kontrolliere und setze für jede richtige Entscheidung ein ✓.
Für jedes ✓ erhältst du einen Punkt.

1. Wer sind die Leser unseres Aushanges? ✓

○ nur Kinder ○ nur ältere Leute ○ alle Leute ☐

2. Wie groß soll der Aushang sein?

○ 30 cm x 21 cm ○ 150 cm x 100 cm ○ 15 cm x 10 cm ☐

3. Wie gestalten wir den Aushang?

○ nur Text ○ Bild (Foto) und Text ○ Bild mit Handy-Nummer ☐

4. Womit wird geschrieben?

○ Computerschrift ○ Kinderhandschrift ○ Erwachsenenhandschrift ☐

5. Wie schreiben wir?

○ über den Kater erzählen ○ nur über den Kater informieren ○ über den Kater informieren und an Leser appellieren zu helfen ☐

6. Welche Informationen soll der Aushang enthalten?

… oder …

○ dass er auf den Namen „Murr" hört ○ dass er schon drei Jahre bei uns lebt ☐
○ dass er keine Mäuse fängt ○ dass er ein rotes Halsband trägt ☐
○ dass er ein Geschenk von Onkel Erich ist ○ dass er ein grau getigertes Fell hat ☐
○ dass er sich gerne im Park herumtreibt ○ dass er bei mir im Zimmer schläft ☐
○ dass er sich nicht angreifen lässt ○ dass er im Vorjahr krank war ☐
○ dass wir zu dritt in einem Haus wohnen ○ dass man uns unter … anrufen kann ☐

Diese Kompetenz beherrsche ich					
	😆	🙂	😐	🙁	😝
Punkte	10 und 11	9	8	7	unter 7

Punkte von 11

© VERITAS-Verlag, Linz. DURCHSTARTEN TESTBUCH, DEUTSCH, 4. KLASSE GRUNDSCHULE. Alle Rechte vorbehalten.

Testdauer:
10 min

TEST 76

Schreibanlässe nutzen und Texte planen: Einen Einkaufszettel planen

Situation: Meine Mutter ruft vom Büro an und bittet mich, Folgendes einzukaufen. Ich notiere auf einen Zettel: 25 dag Emmentaler, 1 kg Brösel, 1 kg Bananen, Haarshampoo, 1 Becher Sauerrahm, 1 l Milch, ½ kg Tomaten, Zahnpasta, 250 g Topfen, Wohnzeitschrift „Zu Hause", 1 Tube Uhu, 1 Toastwecken und 5 Zitronen. Da fällt mir ein, dass ich für die Schule zwei linierte Hefte und Tintenpatronen brauche.

Überlege und kreuze den entsprechenden Kreis an ✗.
Kontrolliere und setze für jede richtige Entscheidung ein ✓.
Für jedes ✓ erhältst du einen Punkt.

✓

1. Richtig überlegen ☐

- ◯ Ich gehe sofort mit dem Zettel in unseren Supermarkt.
- ◯ Ich gehe ohne Zettel in den Supermarkt.
- ◯ Ich ordne die vielen Dinge und schreibe einen Einkaufszettel.

2. Wie soll ich die Produkte ordnen? ☐

- ◯ Ich ordne die Waren nach dem Alphabet.
- ◯ Ich ordne die Dinge nach den Abteilungen des Supermarktes.
- ◯ Ich ordne die Dinge, die für mich, meine Mutter, für uns alle sind.

3. Welche Abteilungen im Supermarkt muss ich aufsuchen?

◯ Obst und Gemüse	◯ Getränke	◯ Kosmetik	☐ ☐
◯ Milchprodukte	◯ Papier- und Bürowaren	◯ Fleisch und Wurst	☐ ☐
◯ Brot und Gebäck	◯ Süßigkeiten	◯ Zeitschriften	☐ ☐

4. Ich notiere für jede Abteilung die Waren.

Notiere die Artikel, die du in der Abteilung „Papier- und Bürowaren" kaufen sollst.

______________________________ ☐

______________________________ ☐

______________________________ ☐

Diese Kompetenz beherrsche ich					
Punkte	10 und 11	9	8	7	unter 7

Punkte
von 11

© VERITAS-Verlag, Linz. DURCHSTARTEN TESTBUCH, DEUTSCH, 4. KLASSE GRUNDSCHULE. Alle Rechte vorbehalten.

Testdauer:
10 min

TEST 77

Schreibanlässe nutzen und Texte planen: Eine Erlebniserzählung planen

Situation: Am letzten Wandertag verirrte ich mich mit einer kleinen Gruppe. Nach langer Suche wurden wir gefunden. Nachdem ich das Erlebte bereits meinen Eltern gleich am selben Tag erzählt hatte, sollten wir in der Schule diesen aufregenden Wandertag schriftlich erzählen.

Überlege und kreuze den entsprechenden Kreis an ✗.
Kontrolliere und setze für jede richtige Entscheidung ein ✓.
Für jedes ✓ erhältst du einen Punkt.

✓

1. Was wähle ich aus?

- ◯ Ich erzähle den ganzen Verlauf des Wandertages.
- ◯ Ich erzähle das Verirren und die Rettung.
- ◯ Ich erzähle über den anstrengenden Fußmarsch.

2. Wie baue ich die Spannung auf?

- ◯ 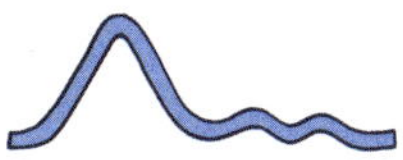
- ◯ 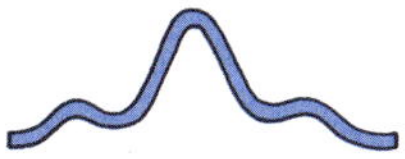
- ◯ 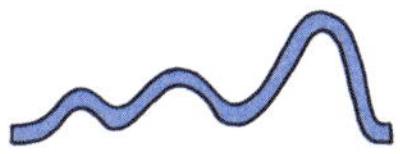

3. Was schreibe ich in der Einleitung?

- ◯ Wann fand der Wandertag statt?
- ◯ Wer fehlte?
- ◯ Wohin gingen wir?

4. Wie führe ich zum Höhepunkt hin?

- ◯ Ich erzähle alles sehr genau.
- ◯ Ich erzähle nur das, was für das Verstehen des Höhepunktes nötig ist.
- ◯ Ich komme gleich zum Höhepunkt.

5. Wie schreibe ich im Höhepunkt?

- ◯ Ich schreibe genau, um die Spannung hinauszuzögern.
- ◯ Ich berichte sachlich.
- ◯ Ich lasse Personen direkt sprechen.

6. In welcher Zeit erzähle ich?

- ◯ Mitvergangenheit
- ◯ Gegenwart
- ◯ Vergangenheit

Diese Kompetenz beherrsche ich					
	😆	🙂	😐	🙁	😝
Punkte	8	7	6	5	unter 5

Punkte von 8

Testdauer:
10 min

TEST 78

Schreibanlässe nutzen und Texte planen: Ein Bittschreiben planen

Situation: Die Gruppe aus der Klasse 4 c hat im Rahmen eines Projektes eine fabelhafte Idee. Sie möchte einen kleinen Schulgarten im Pausenhof anlegen, um ein wenig Grün in den grauen Hof zu bringen. Nach einer Aussprache mit der Klassenlehrerin meinte diese, man sollte doch mit diesem Anliegen an die Gemeindeverwaltung herantreten und einen höflichen Brief schreiben.

Überlege und kreuze den entsprechenden Kreis an ✗.
Kontrolliere und setze für jede richtige Entscheidung ein ✓.
Für jedes ✓ erhältst du einen Punkt.

1. Wie reden wir den Empfänger des Briefes an?

- ○ Sehr geehrte Damen und Herren!
- ○ Hallo Naturfreunde!
- ○ Liebe Leute!

2. Was soll in dem Brief stehen?

- ○ das Anliegen
- ○ Klassenschülerzahl
- ○ Begründung des Anliegens
- ○ Ziel des nächsten Wandertages
- ○ Bitte um Unterstützung
- ○ Berufswünsche der Kinder

3. Wie können wir unser Anliegen begründen?

- ○ weil wir Pflanzen beim Wachsen beobachten können
- ○ weil wir Arbeiten im Garten kennenlernen können
- ○ weil die Medien positiv berichten werden
- ○ weil mehr Grün wieder modern (in) ist
- ○ weil die Liebe zur Natur geweckt wird
- ○ weil wir die Früchte zu einer gesunden Jause verwenden können

4. Mit welcher Schlussformel können wir den Brief beenden?

- ○ Herzliche Grüße und Küsse!
- ○ Hochachtungsvoll
- ○ Auf Wiedersehen!
- ○ Mit freundlichen Grüßen
- ○ Nehmt euch zusammen!
- ○ Tschüss!

Diese Kompetenz beherrsche ich

Punkte	9 und 10	8	7	6	unter 6

Punkte von 10

© VERITAS-Verlag, Linz. DURCHSTARTEN TESTBUCH, DEUTSCH, 4. KLASSE GRUNDSCHULE. Alle Rechte vorbehalten.

TEST 79

Testdauer: 10 min

Schreibanlässe nutzen und Texte planen: Eine Bastelanleitung planen

Situation: Marie hat gestern ein lustiges Fangspiel mitgebracht. Eine Glasperle, die an einer Schnur hängt, soll in einen Papierbecher befördert werden. Alle Mitschülerinnen und Mitschüler wollen wissen, wie man den Becher faltet. Marie wird am Nachmittag eine Anleitung an alle mailen.

Überlege und kreuze den entsprechenden Kreis an ✗.
Kontrolliere und setze für jede richtige Entscheidung ein ✓.
Für jedes ✓ erhältst du einen Punkt.

✓

1. Welches Material braucht man dazu? ☐

○ geschickte Hände ○ Papier: 20 cm x 20 cm ○ Geduld

2. Welche Arbeitsschritte kommen der Reihe nach?

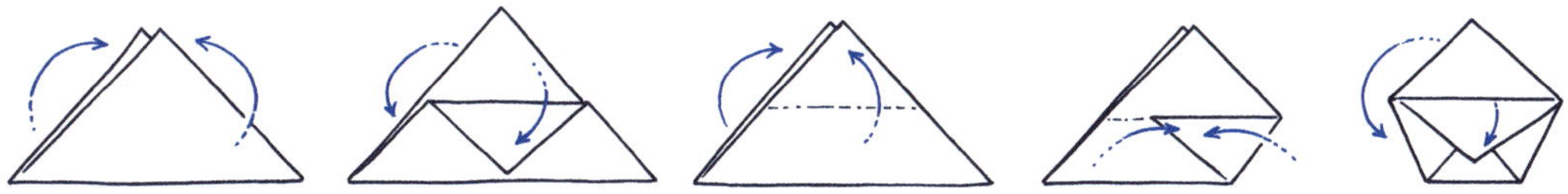

1 2 3 4 5

Schreibe die Nummern der Abbildungen in die Kreise.

- ○ jede obere Ecke nach unten zur Buglinie falten ☐
- ○ Ecken wieder nach oben klappen und an der Faltlinie links und rechts einen Punkt einzeichnen ☐
- ○ das Blatt Ecke auf Ecke falten, sodass ein Dreieck entsteht ☐
- ○ die Ecken nach vorne und hinten umschlagen, sodass ein Becher entsteht ☐
- ○ linke und rechte Ecke zu den Punkten hin falten ☐

3. Wie vermeide ich das wiederholende „Dann … Dann … „?

Schreibe B = es beginnt, N = es erfolgt nacheinander, E = es zeigt das Ende an in die Kreise.

○ Nun … ○ Zuerst … ○ Dann … ☐ ☐ ☐

○ Zum Schluss … ○ Danach … ○ Zuletzt … ☐ ☐ ☐

Diese Kompetenz beherrsche ich					
Punkte	11 und 12	10	9	7 und 8	unter 7

Punkte von 12

© VERITAS-Verlag, Linz. DURCHSTARTEN TESTBUCH, DEUTSCH, 4. KLASSE GRUNDSCHULE. Alle Rechte vorbehalten.

Testdauer:
10 min

TEST 80

Schreibanlässe nutzen und Texte planen: Eine Bildgeschichte planen

Situation: Die Lehrerin hat uns einige Bildgeschichten vorgelegt. Wir sollten eine Geschichte auswählen und sie schriftlich erzählen. Ich wählte diese Geschichte aus:

Nach einer Vorlage von Pat Mallet

Überlege und kreuze den entsprechenden Kreis an ✗. Kontrolliere und setze für jede richtige Entscheidung ein ✓. Für jedes ✓ erhältst du einen Punkt.

1. Ich schaue die Bilder – zum Beispiel Bild 1 – genau an und überlege, was es mir mitteilen will. ✓

Der Blumenstrauß hinter dem Rücken weist darauf hin, dass der Mann
○ ein Blumenliebhaber ist. ○ die Frau überraschen will. ☐

Der Mann mit der Schere hinter der Hausecke zeigt an, dass er
○ heimlich etwas abschneiden möchte. ○ eine neue Schere gekauft hat. ☐

Das Gesicht des Mannes und die Sprechblase weisen darauf hin, dass er
○ an etwas Nettes denkt. ○ etwas Böses vorhat. ☐

2. Ich überlege, was vor, zwischen und nach den Bildern geschehen sein kann/muss. Schreibe V = vor Bild 1, Z = zwischen den Bildern, N = nach Bild 2 in die Kreise.

○ Abschneiden der Blumen ○ Treffpunkt vereinbaren ☐ ☐
○ gekränkte Dame ○ Kauf der Blumen ☐ ☐
○ anschleichen ○ Bösewicht verschwindet ☐ ☐

3. Ich finde den Sinn der Geschichte heraus.

Der Bösewicht wollte
○ einen lustigen Streich spielen. ○ jemandem etwas zu Fleiß tun. ☐

Diese Kompetenz beherrsche ich					
Punkte	9 und 10	8	7	6	unter 6

Punkte von 10

© VERITAS-Verlag, Linz. DURCHSTARTEN TESTBUCH, DEUTSCH, 4. KLASSE GRUNDSCHULE. Alle Rechte vorbehalten.

TEST 81

Testdauer: 5 min

Beim Verfassen von Texten sprachliche Mittel bewusst einsetzen: Treffende Zeitwörter wählen

Kreuze jeweils das treffendste Zeitwort an ✗.
Kontrolliere und setze für jede richtige Entscheidung ein ✓.
Für jedes ✓ erhältst du einen Punkt.

			✓
Vera	○ sagte ○ drohte ○ seufzte	: „Fass die Farbstifte ja nicht an!“	☐
Luki	○ murrte ○ forderte ○ schrie	: „Mami, Mami!	☐
Mama	○ befahl ○ sagte ○ flüsterte	: „Vera, bitte teil die Stifte mit deinem Bruder!“	☐
Vera	○ meinte ○ murrte ○ erwiderte	: „Luki, ich könnte dir eine kleben!“	☐
Luki	○ fragte ○ stöhnte ○ forderte	: „Gib mir drei Buntstifte!“	☐
Vera	○ zischte ○ jammerte ○ stotterte	: „Hier hast du drei … und verschwinde!“	☐
Vera	○ berichtete ○ fragte ○ stöhnte	: „Mami, genügen drei Buntstifte?“	☐
Mama	○ schimpfte ○ lobte	: „Gut, es ist schön, wenn ihr teilt.“	☐

Diese Kompetenz beherrsche ich

	😆	🙂	😐	🙁	😝
Punkte	8	7	6	5	unter 5

Punkte von 8

© VERITAS-Verlag, Linz. DURCHSTARTEN TESTBUCH, DEUTSCH, 4. KLASSE GRUNDSCHULE. Alle Rechte vorbehalten.

Testdauer:
5 min

TEST 82

Beim Verfassen von Texten sprachliche Mittel bewusst einsetzen: Treffende Eigenschaftswörter verwenden

Kreuze jeweils das treffendste Eigenschaftswort an ✗.
Kontrolliere und setze für jede richtige Entscheidung ein ✓.
Für jedes ✓ erhältst du einen Punkt.

			✓
1. eine	○ brandneue ○ fabriksneue	Nachricht erfahren	☐
2. einen	○ knielangen ○ kinnlangen	Faltenrock tragen	☐
3. einen	○ turmhohen ○ haushohen	Sieg erringen	☐
4. eine	○ federleichte ○ babyleichte	Übung ausführen	☐
5. einen	○ pechschwarzen ○ rabenschwarzen	Tag erleben	☐
6. einen	○ tonnenschweren ○ zentnerschweren	Sack tragen	☐
7. in ein	○ eiskaltes ○ bitterkaltes	Wasser fallen	☐
8. eine	○ zuckersüße ○ picksüße	Mehlspeise essen	☐
9. eine	○ steinharte ○ beinharte	Nuss knacken	☐
10. am Tor	○ messerscharf ○ haarscharf	vorbeifahren	☐

Diese Kompetenz beherrsche ich

Punkte	9 und 10	8	7	6	unter 6

Punkte
von 10

© VERITAS-Verlag, Linz. DURCHSTARTEN TESTBUCH, DEUTSCH, 4. KLASSE GRUNDSCHULE. Alle Rechte vorbehalten.

TEST 83

Testdauer:
5 min

Beim Verfassen von Texten sprachliche Mittel bewusst einsetzen: Mit Ausrufen Erzählungen beleben

Kreuze den entsprechenden Kreis an ✗.
Kontrolliere und setze für jede richtige Entscheidung ein ✓.
Für jedes ✓ erhältst du einen Punkt.

	Beifall, Zustimmung, Lob, Freude	Schmerz, Enttäuschung, Ärger	Drohung, Einschüchterung	✓
1. Hurra!	○	○	○	☐
2. Hau ab!	○	○	○	☐
3. Um Gottes willen!	○	○	○	☐
4. Spitze!	○	○	○	☐
5. Verschwinde!	○	○	○	☐
6. Auweh!	○	○	○	☐
7. Wie schön!	○	○	○	☐
8. O je!	○	○	○	☐
9. Na warte!	○	○	○	☐
10. Schade!	○	○	○	☐
11. Toll!	○	○	○	☐
12. Verflixt!	○	○	○	☐
13. Gott sei Dank!	○	○	○	☐
14. Mist!	○	○	○	☐
15. Jetzt reicht´s!	○	○	○	☐
16. Wunderbar!	○	○	○	☐
17. Ganz lieb!	○	○	○	☐
18. Autsch!	○	○	○	☐

Diese Kompetenz beherrsche ich

Punkte	17 und 18	15 und 16	13 und 14	11 und 12	unter 11

Punkte von 18

© VERITAS-Verlag, Linz. DURCHSTARTEN TESTBUCH, DEUTSCH, 4. KLASSE GRUNDSCHULE. Alle Rechte vorbehalten.

Testdauer:
6 min

TEST 84

Beim Verfassen von Texten sprachliche Mittel bewusst einsetzen: Gedanken und Gefühle ausdrücken

Trage die Nummer der Situation in die Kreise ein.
Kontrolliere und setze für jede richtige Eintragung ein ✓.
Für jedes ✓ erhältst du einen Punkt.

Situation		Gedanken / Gefühle	✓
1. Ich drehte mich um und sah einen Fremden dicht hinter mir.	◯	Ich strahlte über das ganze Gesicht.	☐
2. Carla hatte mir einen Streich gespielt.	◯	Ich war erleichtert.	☐
3. Spätabends läutete es an der Haustür.	◯	Ich dachte: „Das zahle ich ihr zurück!“	☐
4. In meinem Zeugnis standen lauter Einser.	◯	Ich dachte: „Endlich Schluss!“	☐
5. Ich hob die Brille auf und sah, dass sie noch ganz war.	◯	Ich dachte: „Hoffentlich ist sie nicht kaputt!“	☐
6. Schon wieder hatte ich das Milchgeld vergessen.	◯	Mir lief die Gänsehaut über den Rücken.	☐
7. Meine Armbanduhr fiel auf den Fliesenboden.	◯	Ich ärgerte mich über meine Vergesslichkeit.	☐
8. Ich hatte meine Jause vergessen. Alex teilte sein Jausenbrot mit mir.	◯	Ich dachte: „Wer kommt so spät zu uns?“	☐
9. Die Lehrerin teilte die Schularbeitenhefte aus.	◯	Ich war total aufgeregt.	☐
10. Nach zwei Stunden war ich mit meinen Aufgaben fertig.	◯	Ich dachte: „Das ist aber nett von ihm!“	☐

Diese Kompetenz beherrsche ich

	😃	🙂	😐	🙁	😝
Punkte	9 und 10	8	7	6	unter 6

Punkte von 10

© VERITAS-Verlag, Linz. DURCHSTARTEN TESTBUCH, DEUTSCH, 4. KLASSE GRUNDSCHULE. Alle Rechte vorbehalten.

TEST 85

Testdauer: 6 min

Texte strukturiert und für Leserinnen und Leser verständlich verfassen: Satzschlusszeichen setzen

Setze nach jedem Satz die fehlenden Schlusspunkte.
Kontrolliere und setze für jedes richtig gesetzte Satzschlusszeichen ein ✓.
Für jedes ✓ erhältst du einen Punkt.

✓

1. Peter fotografiert die Kuh Laura
   reitet auf Donald über die Wiese
   laufen Enten zum Abendessen
   ruft die Mutter ☐ ☐ ☐ ☐

2. Der Tag ist schön im Wasser
   spielen meine Freunde am Abend
   scheint die Sonne nicht mehr alle
   sind sehr müde und steigen
   in den Bus ☐ ☐ ☐ ☐

3. Der kleine Max liest gerne das Buch
   vom Grüffelo gefällt ihm besonders
   die Idee der Maus begeistert Max
   liebt auch die Illustrationen ☐ ☐ ☐ ☐

4. Meine Mutter bereitet das Abendessen zu
   Gast ist heute mein Onkel Tobias wird
   auch kurz vorbeikommen um alle zu
   überraschen, kocht Mama etwas ganz
   Besonderes ☐ ☐ ☐ ☐

Diese Kompetenz beherrsche ich					
Punkte	15 und 16	13 und 14	12	10 und 11	unter 10

Punkte von 16

© VERITAS-Verlag, Linz. DURCHSTARTEN TESTBUCH, DEUTSCH, 4. KLASSE GRUNDSCHULE. Alle Rechte vorbehalten.

Testdauer: 10 min

TEST 86

Texte strukturiert und für Leserinnen und Leser verständlich verfassen: Geordnet und gegliedert schreiben

In der linken Spalte kannst du lesen, wie Oliver seine Tante beschrieben hat.
Rechts findest du eine Gliederung einer Beschreibung in fünf Absätzen.
Trage die Nummern der Sätze in die Kreise ein.
Kontrolliere und setze für jede richtige Zuordnung ein ✓.
Für jedes ✓ erhältst du einen Punkt.

Meine Tante
↓
ungeordnet

1. Meine Tante ist klein und etwas mollig.
2. Am liebsten trägt sie weite Blusen und Hosen.
3. Ihre brünetten Haare sind kinnlang und glatt.
4. Meine Tante wandert in ihrer Freizeit gerne.
5. Sie kann sehr lustig sein und über alles lachen.
6. Im ganzen Gesicht hat sie Sommersprossen wie Pippi Langstrumpf.
7. Seit dem Vorjahr spielt meine Tante auch Tennis.
8. Sie redet gern und schnell.
9. Am liebsten verspeist sie Steaks vom Rind.
10. Zu Hause trägt sie fast immer einen Jogging-Anzug.
11. Zum Frühstück verzehrt sie täglich weiche Eier und Schinken.

Meine Tante
↓
geordnet und gegliedert

1. Absatz: Aussehen
Satz: ◯ ◯ ◯ ☐ ☐ ☐

2. Absatz: Wesen
Satz: ◯ ◯ ☐ ☐

3. Absatz: Kleidung
Satz: ◯ ◯ ☐ ☐

4. Absatz: Lieblingsspeisen
Satz: ◯ ◯ ☐ ☐

5. Absatz: Hobbys, Freizeit
Satz: ◯ ◯ ☐ ☐

Diese Kompetenz beherrsche ich					
Punkte	10 und 11	9	8	7	unter 7

Punkte von 11

© VERITAS-Verlag, Linz. DURCHSTARTEN TESTBUCH, DEUTSCH, 4. KLASSE GRUNDSCHULE. Alle Rechte vorbehalten.

TEST 87

Testdauer: 10 min

Texte überprüfen, überarbeiten, berichtigen: Rechtschreibung

In diesem Text sind 20 Rechtschreibfehler.
Lies langsam und fahre mit der Bleistiftspitze unter der Zeile mit.
Markiere die Fehlerstellen.
Kontrolliere und setze für jeden gefundenen Fehler ein ✓.
Für jedes ✓ erhältst du einen Punkt.

Unser Ausflug ✓

Sehr früh am Morgen maschierten wir los. Wir wollten nähmlich nicht bei Hitze wandern. Alle hatten feste Schuhe und lokere Kleidung an. Gegen Mittag ereichten wir den Gipfel. Wir setzten uns beim Gipfelkreuz nieder und backten die Brote und Getrenke aus. Nach etwa einer Stunde gingen wir wider zurück. „Seit vorsichtig beim Bergabgehen!“, mahnte unsere Lehrerin. Aber einige sprangen trozdem los. Nach wenigen Minuten war das unglück auch schon geschehen. Michi trat auf einen losen Stein und knickte mit dem Fuss um. Er schrieh vor Schmerz und konnte nicht mehr aufstehen. Stefan tauchte ein Tuch in den külen Bach und legte es auf den verletzen Fuß. Zum Klück waren wir nahe bei der Bergstation der Seilbahn. Zwei Kinder stützten Michi und schaften ihn zur Bahn. Zu Hause stellte der Artzt fest, das Michi einen Bänderriss hatte. Er bekam einen Gibs. Michi ergerte sich, weil er einige Zeit im Bett liegen musste.

Diese Kompetenz beherrsche ich					
Punkte	19 und 20	17 und 18	15 und 16	13 und 14	unter 13

Punkte von 20

© VERITAS-Verlag, Linz. DURCHSTARTEN TESTBUCH, DEUTSCH, 4. KLASSE GRUNDSCHULE. Alle Rechte vorbehalten.

Testdauer: 10 min

TEST 88

Texte überprüfen, überarbeiten, berichtigen: Sprachrichtigkeit

In diesem Text sind 20 Verstöße gegen die Sprachrichtigkeit (falscher Artikel, Fall, Mehrzahlform beim Namenwort; falsche Mitvergangenheitsform beim Zeitwort; unvollständiger Satz, verdrehte Wortstellung; falsche Wortendungen …).
Lies und unterstreiche die mangelhaften Stellen in diesem Text.
Kontrolliere und setze für jeden gefundenen Fehler ein ✓.
Für jedes ✓ erhältst du einen Punkt.

Ein Traum ✓

Ich schwamm durch glasklare Wasser. Als ich nach unten schaute, sehte ich einen dichten Dschungel. Ich tauchte näher heran und erkannten Wasserpflanzen mit dicke Stängel. Ich schwamme in den Wald hinein. Als ich auftauchen wollte, wurde ich festgehalten. Eine Blatt hatte sich wie eine Fessel um mein Bein gewickelt. Die Pflanzen haltete mich fest. Plötzlich kam ein Hai mit scharfe Zähne auf mich zugeschwommen. Mir blieb fast die Herz stehen. Ich zitterte an ganzen Körper. Der Raubfisch immer näher kam. Ich zerrte und reißte verzweifelt an dem Blatt. Da schnappte der Ungeheuer zu. Ich stoßte einen lauten Schrei aus … und erwachte aus meinen bösen Traum. Mein Mutter stand neben mich und wischte mir den Schweiß von die Stirn.

Diese Kompetenz beherrsche ich					
Punkte	19 und 20	17 und 18	15 und 16	13 und 14	unter 13

Punkte von 20

© VERITAS-Verlag, Linz. DURCHSTARTEN TESTBUCH, DEUTSCH, 4. KLASSE GRUNDSCHULE. Alle Rechte vorbehalten.

TEST 89

Testdauer:
6 min

Texte überprüfen, überarbeiten, berichtigen: Mangelhafte Ausdrücke berichtigen

Ersetze das unterstrichene Wort. Kreuze die beste Lösung an ✗. Kontrolliere und setze für jede richtige Entscheidung ein ✓. Für jedes ✓ erhältst du einen Punkt.

1. Textstelle: ✓

Am Abend kamen wir nach langer Fahrt im Hotel an. In diesem Hotel hausten nur vornehme Gäste.

○ wohnten ○ campierten ○ nächtigten ☐

2. Textstelle:

Mit letzter Kraft kämpfte ich mich durchs Ziel. Und dann brach ich zusammen.

○ Erschöpft ○ Schließlich ○ Im Anschluss ☐

3. Textstelle:

Weil ich so viel trainiert hatte, gelangen mir beim letzten Spiel außerirdisch schöne Tore.

○ bezaubernd ○ außergewöhnlich ○ überraschend ☐

4. Textstelle:

Ich hatte schon in der großen Pause Bauchschmerzen. Als ich von der Schule heimkam, musste ich speiben.

○ mich übergeben ○ erbrechen ○ kotzen ☐

5. Textstelle:

Das Schönste an den Ferien ist, dass ich früh immer spät aufstehen kann.

○ frühzeitig ○ am Morgen ○ in aller Früh ☐

6. Textstelle:

Ich habe nur noch einen Opa. Mein anderer Opa verschlief unerwartet im letzten Jahr.

○ verstarb ○ verabschiedete sich ○ verschied ☐

7. Textstelle

Meine Tante machte einen Luftsprung, sonst wäre sie von einem Auto niedergestoßen worden.

○ Weitsprung ○ Sprung zur Seite ○ Freudensprung ☐

Diese Kompetenz beherrsche ich

Punkte	7	6	5	4	unter 4

Punkte von 7

© VERITAS-Verlag, Linz. DURCHSTARTEN TESTBUCH, DEUTSCH, 4. KLASSE GRUNDSCHULE. Alle Rechte vorbehalten.

Testdauer: 6 min

TEST 90

Texte der Schreibabsicht entsprechend verfassen: Schreibabsichten erkennen

Kreuze an ✗, welche Absichten die folgenden Schreibvorhaben verfolgen.
Kontrolliere und setze für jede richtige Entscheidung ein ✓.
Für jedes ✓ erhältst du einen Punkt.

Ich schreibe, um	andere zu unterhalten	andere zu informieren	an andere zu appellieren	um mir etwas zu notieren	✓
1. Eine Tagebucheintragung vornehmen	◯	◯	◯	◯	☐
2. Eine Bastelanleitung verfassen	◯	◯	◯	◯	☐
3. Über einen Streich erzählen	◯	◯	◯	◯	☐
4. Dem Bürgermeister einen Wunsch vortragen	◯	◯	◯	◯	☐
5. Einen Steckbrief von … verfassen	◯	◯	◯	◯	☐
6. Einen bösen Traum erzählen	◯	◯	◯	◯	☐
7. Eine Beschwerde an … richten	◯	◯	◯	◯	☐
8. Einen Einkaufszettel schreiben	◯	◯	◯	◯	☐
9. Eine Spielanleitung verfassen	◯	◯	◯	◯	☐
10. Eine fantastische Geschichte erfinden	◯	◯	◯	◯	☐
11. Eine Firma um Unterstützung bitten	◯	◯	◯	◯	☐
12. Lustige Zweizeiler reimen	◯	◯	◯	◯	☐
13. Die gelesenen Bücher festhalten	◯	◯	◯	◯	☐
14. Das Kinderzimmer beschreiben	◯	◯	◯	◯	☐

Diese Kompetenz beherrsche ich

	😆	🙂	😐	🙁	😝
Punkte	13 und 14	12	10 und 11	9	unter 9

Punkte von 14

© VERITAS-Verlag, Linz. DURCHSTARTEN TESTBUCH, DEUTSCH, 4. KLASSE GRUNDSCHULE. Alle Rechte vorbehalten.

TEST 91

Testdauer:
6 min

Texte der Schreibabsicht entsprechend verfassen: Zusammenhänge zwischen Schreibabsicht und Schreibstil erkennen

Welche Aussagen sind **r**ichtig oder **f**alsch? Kreuze an ✗.
Kontrolliere und setze für jede richtige Entscheidung ein ✓ .
Für jedes ✓ erhältst du einen Punkt.

Schreibabsicht: erzählen / unterhalten	**r**	**f**	✓
▶ lebendig erzählen	◯	◯	☐
▶ jeden Satz mit „Ich" beginnen	◯	◯	☐
▶ Spannung erzeugen	◯	◯	☐
▶ in der Vergangenheit schreiben	◯	◯	☐
▶ die direkte Rede gezielt einsetzen	◯	◯	☐

Schreibabsicht: informieren	**r**	**f**	
▶ sachlich beschreiben, berichten	◯	◯	☐
▶ viele Eigenschaftswörter verwenden	◯	◯	☐
▶ in der Mitvergangenheit schreiben	◯	◯	☐
▶ Fachbegriffe verwenden	◯	◯	☐
▶ Reihenfolge besonders beachten	◯	◯	☐

Schreibabsicht: appellieren	**r**	**f**	
▶ das Anliegen höflich vortragen	◯	◯	☐
▶ fremde Personen mit DU ansprechen	◯	◯	☐
▶ das Anliegen begründen	◯	◯	☐
▶ eine höfliche Anrede und Schlussformel finden	◯	◯	☐
▶ die direkte Rede verwenden	◯	◯	☐

Schreibabsicht: notieren	**r**	**f**	
▶ in ganzen Sätzen schreiben	◯	◯	☐
▶ übersichtlich – in Tabellen – notieren	◯	◯	☐
▶ treffende Zeitwörter verwenden	◯	◯	☐
▶ Abkürzungen verwenden – Lb. = Lesebuch	◯	◯	☐
▶ ganz Wichtiges mit Farbe markieren	◯	◯	☐

Diese Kompetenz beherrsche ich

	😃	🙂	😐	🙁	😝
Punkte	19 und 20	17 und 18	15 und 16	13 und 14	unter 13

Punkte von 20

© VERITAS-Verlag, Linz. DURCHSTARTEN TESTBUCH, DEUTSCH, 4. KLASSE GRUNDSCHULE. Alle Rechte vorbehalten.

Test	Kompetenzbereich: Lesen – Umgang mit Texten / Medien				
1	X				
2	X				
3		X			
4	X				
5					
6					
7					
8		X			
9					
10	X				
11					
12					
13					
14					
15					
16					
17					
18					
19					
20					
21					
22					

Test	Kompetenzbereich: Rechtschreiben				
23					
24					
25					
26					
27					
28					
29					
30					
31					
32					
33					
34					
35					
36					
37					
38					
39					
40					
41					
42	X				
43					
44	X				
45					
46					
47					
48					
49					
50					
51					
52					
53					

Test	Kompetenzbereich: Einsicht in Sprache durch Sprachbetrachtung				
54					
55					
56					
57					
58					
59					
60					
61	X				
62					
63					
64					
65					
66					
67					
68					
69					
70					
71					
72					
73					
74					

Test	Kompetenzbereich: Verfassen von Texten				
75					
76					
77					
78					
79					
80					
81					
82					
83					
84					
85					
86					
87				X	
88					
89					
90					
91					